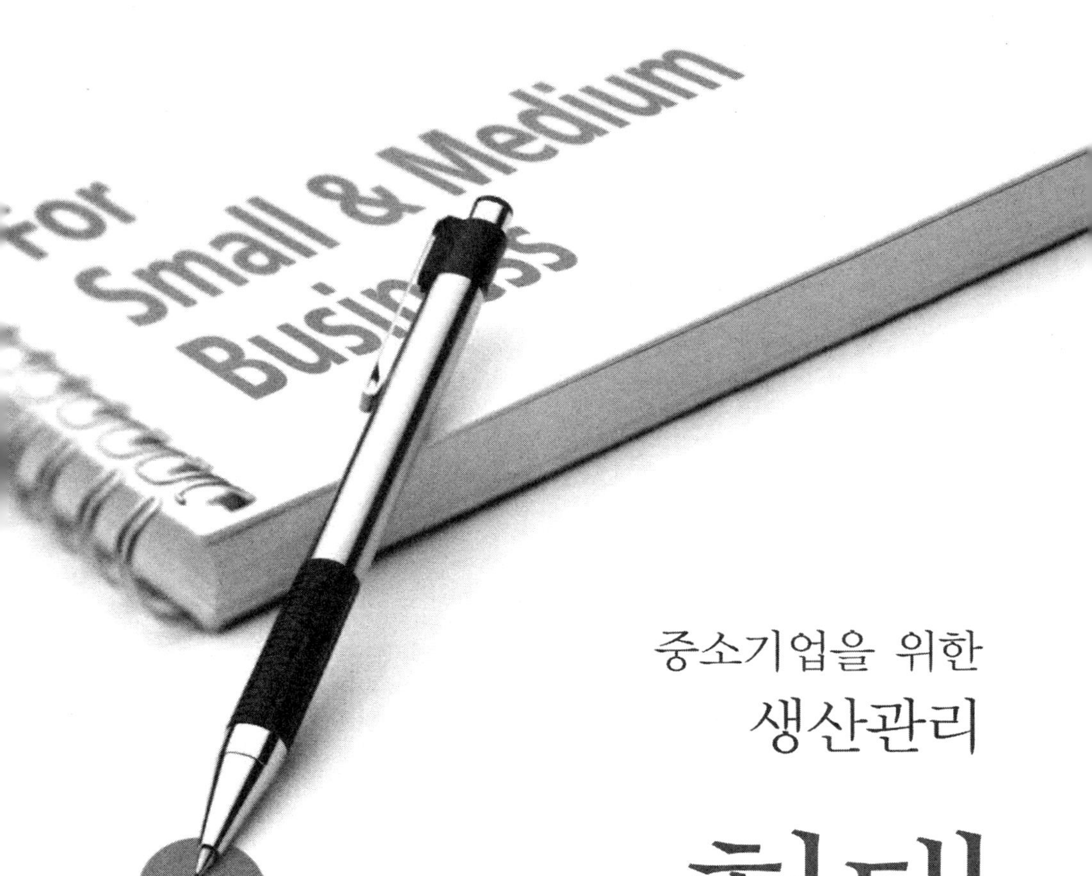

중소기업을 위한
생산관리

현대 생산관리

| 이영찬 · 조영석 共著 |

홍릉과학출판사

감사의 글

원고의 작성, 편집, 그리고 교정 전 과정에 참여하여 작업을 도와준 동국대학교 전자상거래학과 ERP 연구회 소속 김인건, 김종범, 오형진, 그리고 조정호 군에게 진심으로 감사드린다.

목차

Ch. 01 프로젝트 관리

Ch. 02 독립수요품목의 재고관리

Ch. 03 JIT생산시스템

Ch. 04 생산관리의 새로운 동향

CHAPTER 01

프로젝트관리

>>>

1.1 프로젝트의 관리

프로젝트를 관리하는 것은 일상적인 생산활동을 관리하는 것과는 다른 면이 있다. 보통의 생산활동은 연속생산형태와 단속생산형태로 구분되는데 프로젝트는 이들과 구별되는 제 3의 생산형태라 할 수 있다. 여기서는 특수한 생산형태로서의 프로젝트의 관리와 이와 관련된 관리기법을 고찰하기로 한다.

일반적으로 기업의 생산활동은 일정한 기한이 없이 반복적으로 수행된다. 그러나 때로는 독특한 제품/서비스를 생산하기 위해 한시적인 생산활동이 수행되는 경우가 있는데 이와 같은 생산활동을 프로젝트라 한다.

프로젝트의 예는 결혼준비, 논문작성, 욕실개조 등 일상생활과 관련하여 쉽게 찾아볼 수 있다. 기업이나 국가차원의 중・대형 프로젝트의 예로는 선박/항공기의 건조, 건물/교량의 건설, 신제품개발, 올림픽 개최 등을 들 수 있다. 88 서울올림픽은 역사상 재현될 수 없는 독특하고 한시적인 행사로서 대규모 프로젝트의 좋은 본보기라 할 수 있다.

반복적인 생산활동에 종사하는 기업도 때로는 생산활동의 일부를 프로젝트 형태로 조직해야 할 경우가 있다. 오늘과 같은 지구촌 경쟁시대에 신제품개발, 공장자동화, JIT시스템의 도입 등은 회사의 앞날을 좌우하는 중요한 일인데 이들 과업은 프로젝트 조직으로 수행되는 경우가 많다.

프로젝트의 팀활동에 참여하는 것은 개인으로서도 얻는 것이 많다. 자신의 정규직무를 떠나 낯선 환경에서 타부서 사람과 협조하며 빠듯한 예산과 스케줄에 쫓기면서 공동의 목표를 위하여 일하는 것은 또 다른 귀중한 인생경험이 될 수 있다.

1.1.1 프로젝트의 목적

기업이 프로젝트를 수행하면서 추구하는 것은 비용, 일정, 성과의 세 가지 목적이라 할 수 있다.

첫째, 프로젝트는 최소의 비용으로 경제적으로 수행되어야 한다. 프로젝트 관리자는 예산을 적절하게 편성하여 생산자원을 효율적으로 배분하고 모든 활동이 예산의 범위 내에서 수행되도록 비용지출을 엄격히 통제하여야 한다.

둘째, 프로젝트의 일정은 합리적인 것이어야 한다. 프로젝트는 가급적 짧은 시간 내에 완성되는 것이 바람직하지만 이로 인하여 프로젝트의 질이 저하되거나 과도한 비용이 발생하거나 납기를 어기는 일이 없도록 유의해야 한다.

셋째, 성과가 최대화되어야 한다. 이것은 곧 프로젝트에 의하여 생산되는 제품/서비스의 품질이나 가치가 최대화되어야 함을 의미한다. 영화제작의 경우라면 많은 관객을 동원할 수 있거나 국제영화제에 입상할 수 있는 작품이 만들어져야 하는 것이다.

앞에서 언급된 세 가지 목적은 서로 대입관계에 놓이는 경우가 많다. 영화 제작의 경우, 일정을 단축하기 위하여 야간촬영을 강행하면 제작비가 상승하고, 내용을 재미있게 꾸미기 위하여 각본을 자주 수정하다 보면 진도가 늦어질 수 있다. 프로젝트 관리자는 이와 같은 상충관계를 잘 조정하여 전체적인 관점에서 최선의 결과를 얻도록 노력하여야 할 것이다.

최소의 노력으로 최대의 성과를 이루자!

1.1.2 프로젝트의 관리기능

프로젝트 관리는 크게 보아 프로젝트의 계획을 수립하고 프로젝트의 일정을 결정하며, 프로젝트의 수행을 통제하는 세 가지 기능으로 구성된다. <표 1-1>은 이들 관리기능의 내용을 보여준다.

첫째, 프로젝트의 계획을 수립한다. 프로젝트의 목표, 자원소요, 조직구조, 팀 구성, 예산편성 등 기본사항에 관한 계획이 수립되어야 한다.

둘째, 프로젝트의 일정을 결정한다. 우선 수행해야 할 다수의 과업과 개별 활동을 정의한 활동구조표가 작성되고 주어진 완성일을 기준으로 하여 중간 목표일정이 설정된다. 또한 각개 활동의 일정과 자원할당이 결정된다.

셋째, 프로젝트의 진행과정에서는 통제의 기능이 작용한다. 프로젝트의 실적을 계획과 비교하여 프로젝트가 예산의 범위 내에서 품질기준을 충족시키며 스케줄대로 진행되고 있는가를 확인하는 것이다. 만일 그렇지 못한 경우에는 필요한 시정 조치(계획의 수정, 자원의 재배정)를 취한다.

〈표 1.1〉 프로젝트의 관리기능

계획(planning)
프로젝트의 목표 설정(대상고객, 제품/서비스, 완성일) 자원소요(인력, 자재, 시설, 장비, 자금)의 추정 프로젝트의 조직구조 결정 프로젝트팀의 구성(팀장과 팀 요원 선발) 예산편성

일정계획(scheduling)
활동구조표의 작성 중간목표일정의 설정 개별 활동의 소요시간과 선후관계 결정 개별 활동의 일정 결정 개별 활동의 예산과 자원배정 결정

통제(controlling)
프로젝트 실적(진도, 비용, 성과)의 파악 실적과 계획의 비교 및 검토 시정조치(계획수정, 자원배정의 조정)

1.1.3 프로젝트의 조직

프로젝트를 수행하려면 사전에 프로젝트팀이 형성되어야 한다. 프로젝트팀은 프로젝트 관리자와 팀 요원으로 구성된다. 프로젝트 관리자는 팀을 지휘하며 다른 부서와의 협력관계를 주도한다.

프로젝트팀은 최고경영자의 직속으로 설치되는 경우가 많다. 이와 같은 직속형태는 프로젝트의 중요성을 회사 전체에 인식시키고 각 부서가 프로젝트팀에 적극적으로 협조하는 여건을 조성한다.

프로젝트는 다양한 자원과 기술을 필요로 하므로 프로젝트 관리자는 기업 내 여러 부문의 협조와 지원을 필요로 한다. 프로젝트 조직은 이와 같은 다른 부서와의 관계가 어떻게 설정되는가에 따라 세 가지 유형으로 구분할 수 있다.

(1) 기능식 조직

이것은 프로젝트를 그것과 가장 밀접한 관계가 있는 부서가 주관하는 전통적 조직구조이다. 다른 부서의 협조가 필요할 때 주관부서는 관련부서와 협의하여 협조를 얻는다. 프로젝트 관리자는 강력한 집행력과 통제력을 가지기 어렵다. 그러나 기존조직을 활용하므로 회사는 조직과 자원의 중복을 최소화 할 수 있다.([그림 1-1] 참조)

프로젝트는 여러 부서의 협조와 지원을 필요로 한다.

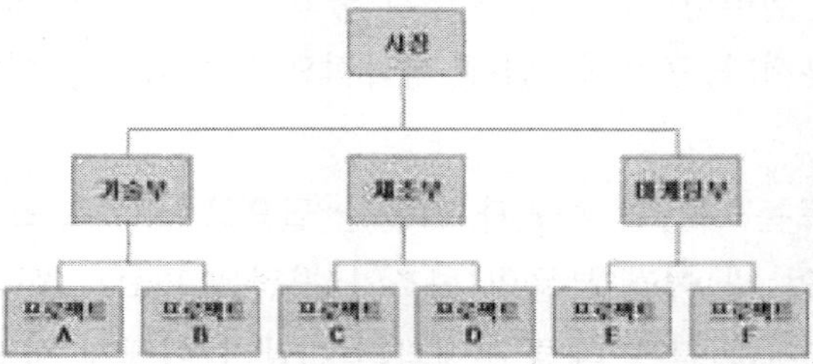

| 그림 1.1 | 기능식 조직

(2) 순수프로젝트 조직

이것은 기능식 조직의 정반대가 되는 조직형태로서 독립적 프로젝트팀이 창설되고 여기에 전속요원이 배치된다. 이들은 프로젝트 관리자의 절대적인 지휘 하에 놓이게 된다. 순수조직은 지휘계

통이 단순하고 프로젝트 관리자가 강력한 추진력을 가지며 의사 결정이 신속하다. 그러나 회사 전체로는 조직과 자원사용이 중복 되는 단점이 있다.

(3) 매트릭스 조직

이것은 기능식 조직과 순수 조직의 절충형태이다. 프로젝트에 필요한 요원과 기술은 회사 내의 관련 부서로부터 지원을 받는다. 즉, 다른 부서에서 차출된 요원이 프로젝트팀에서 잠정적(시간제, 전시간제)으로 근무하는 것이다. 매트릭스 조직은 순수조직에 비하여 자원과 조직의 중복은 줄어들지만 팀 요원이 두 사람의 상전을 섬기게 되므로 프로젝트 관리자의 통제력은 그 만큼 약화된다. [그림 1-2]는 매트릭스 조직을 나타낸 것이다.

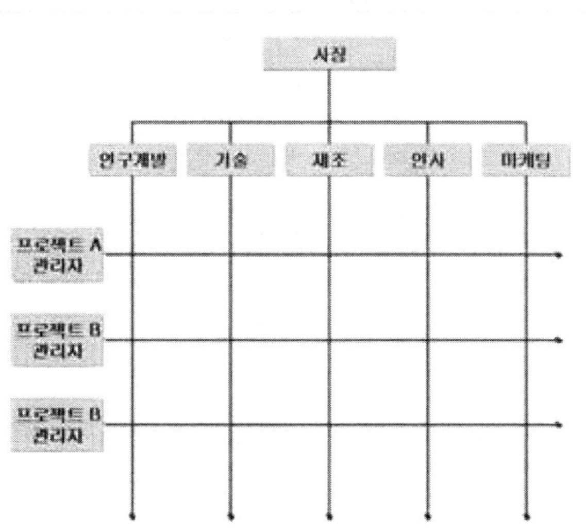

| 그림 1.2 | 매트릭스 조직

(4) 프로젝트 조직의 영구화

프로젝트는 한시적인 생산활동이지만 일부 업종에서 프로젝트 조직은 영구화 또는 제도화 되는 경향이 있다. 예컨대 항공우주산업, 건설업, 컴퓨터산업 등은 프로젝트생산이 가장 효율적인 생산형태로서 오랫동안 프로젝트형태를 지속적으로 이용해 온 결과, 이것이 영구적인 조직으로 정확하게 된 것이다. 물론 이때의 프로젝트 조직은 새로운 과제와 여건의 변화에 적절히 적응하면서 그 기본 형태를 유지해 온 것이다.

프로젝트 관리는 이제 어엿한 전문 직종으로 자리 잡고 있다. 1969년에 프로젝트관리의 전문직단체로서 PMI가 설립되었는데 세계 각국에 다수의 회원을 보유하고 있다.

프로젝트의 흐름과 다양한 부문을 관리

1.2 프로젝트의 일정계획기법

프로젝트의 일정계획기법으로는 간트차트와 PERT/CPM이 많이 이용되고 있다. 간트차트는 오래된 단순한 형식의 도표기법이며, PERT/CPM은 1950년대 말에 개발된 네트워크형의 도표기법이다.

1.2.1 간트차트

간트차트는 소규모의 간단한 프로젝트에 적합한 일정계획이다. 간트차트는 프로젝트의 일정을 계획하고 진도를 통제하는데 도움이 된다.

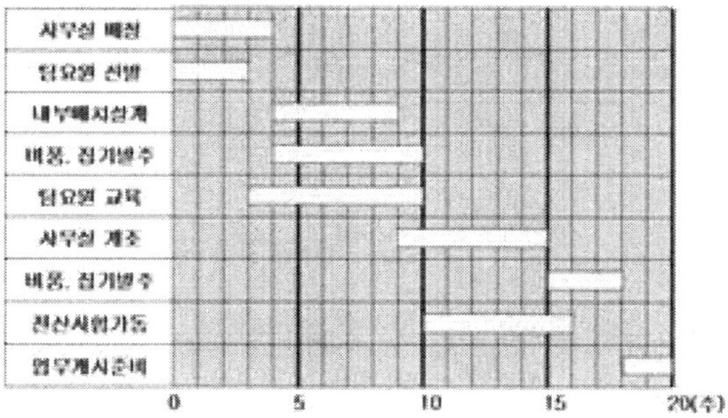

| 그림 1.3 | 상품개발팀 신설 프로젝트의 간트차트

[그림 1-3]은 어떤 증권사의 상품개발팀을 창설하기 위한 프로젝트를 간트차트로 나타낸 것이다. 간트차트는 간단하고 이해하기 쉬워 널리 사용되어 왔으나 프로제트를 구성하는 여러 활동 사이의 의존관계를 명확하게 나타낼 수 없고 일정을 쉽게 수정할 수 없는 것이 단점이다. 간트차트는 크고 복잡한 프로젝트를 다루기에는 부적합하다.

1.2.2 네트워크 기법

근래 프로젝트의 일정계획기법으로 PERT와 CPM이라는 네트워크기법이 많이 이용된다. 네트워크기법을 이용하면 프로젝트를 구성하는 각 활동의 의존관계(선후관계)를 명확하게 알 수 있다.

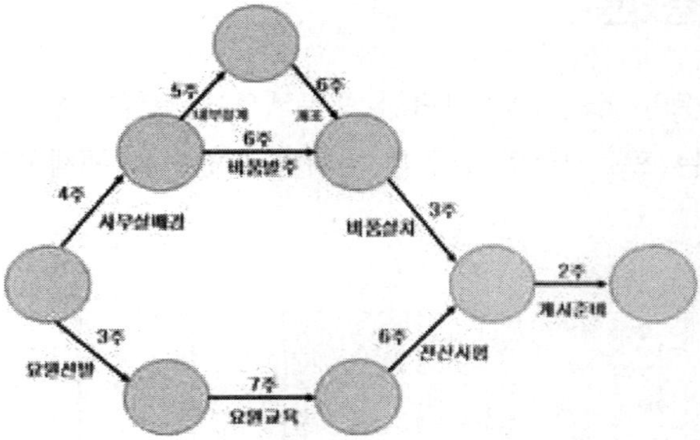

| 그림 1.4 | 상품개발팀 프로젝트의 네트워크 다이어그램

[그림 1-4]는 앞에서 언급된 상품개발팀 프로젝트를 네트워크기법으로 나타낸 것인데 간트차트와 비교할 때 전후활동의 진행순서가 훨씬 명확하게 드러남을 알 수 있다.

(1) PERT/CPM의 유례

PERT는 미해군의 폴라리스미사일 개발을 촉진하기 위하여 1958년에 미해군특별사업처, 락헤드에어크래프트, 해밀튼 사가 공동으로 개발하였다. 당시 미국은 핵무기개발에서 소련에 뒤지고 있어, 폴라리스미사일 개발은 미국방부의 1순위 사업으로 지정되었다. 이 사업은 3,000여 업체가 관련된 대형 프로젝트였는데 PERT를 적용하여 완성을 2년이나 앞당겼다. 이 때부터 미정부기관이 발주하는 모든 대형 프로젝트는 네트워크기법을 적용하는 것이 의무화되었다.

한편 CPM과 듀폰사의 '워커'가 화학제품공장의 보전업무에 적용하기 위한 일정계획기법으로 개발하였다.

(2) 단위활동의 정의

네트워크기법을 적용하기 위해서는 활동분석이 필요하다. 활동분석이란 프로젝트를 완성하기 위하여 수행되어야 할 활동의 종류, 선후관계 및 소요시간을 결정하는 것을 말한다. 즉,

① 수행되어야 할 모든 활동(과업)을 빠짐없이 열거하고 정의한다. 활동이란 명확한 개시시점과 종료시점을 사진 단위과업을 말한다.

② 활동의 선후관계를 정의한다. 개개의 활동에 대하여 그것의 선행활동과 후속활동을 결정한다. 선후관계에는 한 활동이 완료되어야 다른 활동이 개시될 수 있는 관계와 두 활동이 동시에 수행될 수 있는 관계가 있다.

③ 활동의 소요시간을 추정한다. 활동시간은 단일치 또는 확률적인 형태로 추정할 수 있다.

(3) 활동구조표

앞에서 언급했듯이 프로젝트의 계획단계에서는 프로젝트를 완성하기 위하여 수행되어야 할 모든 활동이 식별되고 정의되어야 한다. 이 때 관리자는 WBS를 작성함으로서 이일을 체계적으로 수행할 수 있다. WBS란 프로젝트의 구성요소인 모든 과업을 계층화하여 표시한 리스트이다.

WBS의 작성과정은 단계적으로 진행된다. 즉, 프로젝트의 구성요소를 과업, 하위과업, 차하위과업과 같이 차례로 세분화하는 것이다. 프로젝트는 우선 몇 개의 큰 과업으로 구분되고 큰 과업은

다시 여러 개의 하위과업으로 나누어지고 끝에 가서는 개별활동으로 세분화된다.

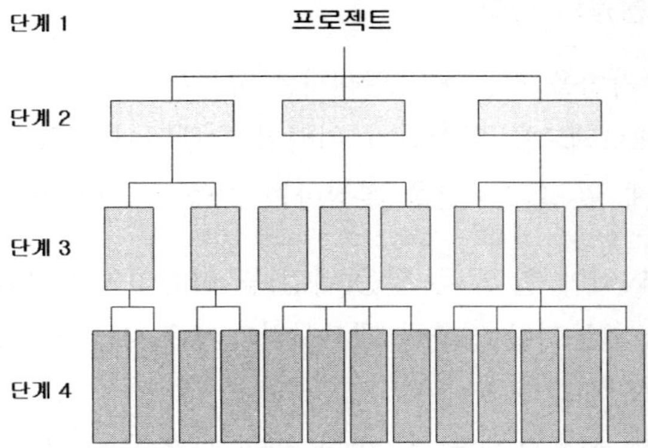

| 그림 1.5 | 활동구조표

여기서 프로젝트는 1단계, 과업은 2단계, 하위과업은 3단계, 개별활동은 4단계라는 단계가 형성된다. 프로젝트의 모든 구성요소는 단계번호(예컨대 1, 5, 3, 2)에 의하여 쉽게 식별될 수 있다. 프로젝트의 규모에 따라 WBS의 단계 수는 더 많아지거나 줄어들 수 있다.

WBS는 프로젝트의 계획과 통제를 위한 효과적인 수단을 제공한다. WBS을 이용하면 프로젝트를 구성하는 모든 과업과 활동을 식별하고 이에 소요되는 시간, 자원 및 비용을 체계적으로 추정할 수 있다.

(4) 네트워크 다이어그램

활동분석에 의하여 활동의 종류가 선후관계가 밝혀지면 이를 이용하여 네트워크 다이어그램을 작성한다. [그림 1-6]은 상품개발팀 프로젝트의 네트워크 다이어그램이다.

네트워크 다이어그램은 화살표와 마디로 구성된 그물모양의 도표로, 네트워크 다이어그램의 작성법에는 AOA와 AON의 두 방식이 있는데 여기서는 AOA방식만을 사용한다.

활동은 프로젝트를 구성하는 개개의 생산활동을 의미하는데 자원과 시간을 필요로 한다. 단계는 한 활동이 시작되거나 완료되는 시점을 나타내며 자원이나 시간을 소모하지 않는다. 개개의 활동은 "활동 D"와 같이 문자로 식별하거나 "활동 2-5"와 같이 화살표 양끝의 단계번호로 식별한다. 컴퓨터 프로그램에서는 단계번호에 의한 식별법이 사용된다. 단계번호는 다이어그램의 왼쪽에서 오른쪽으로 진행하면서 순차적으로 매겨진다.

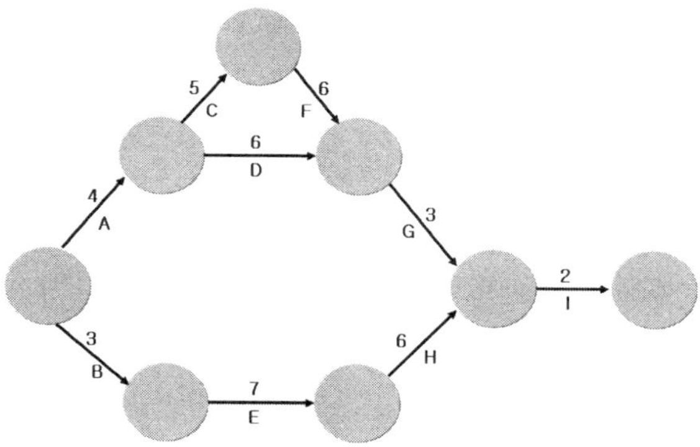

| 그림 1.6 | 네트워크 다이어그램

네트워크 다이어그램은 일종의 선후관계도이다. 예컨대 도표는 활동 A가 끝나면 단계 2가 발생하고 단계 2가 발생하면 활동 C와 활동 D가 개시될 수 있음을 보여준다. 단계 2는 활동 A의 종료시점이면서 동시에 활동 C와 활동 D의 개시시점이 된다.

AOA방식은 활동의 연결점(단계)을 중요시하므로 단계중심적이라 할 수 있다. 여기서는 모든 성행활동이 종료되어야 한 단계가 발생할 수 있다. 예컨대 단계 5는 활동 F와 활동 D가 둘 다 완료되어야 발생할 수 있으며 또한 단계 5가 발생하여야 활동 G가 개시될 수 있다.

1.2.3 네트워크 작성법

AOA방식에 따른 네트워크의 작성규칙은 다음과 같다. 이들 규칙은 두 활동이 선후의 순서가 있어 차례로 수행되어야 또는 서로 독립적이어서 동시에 수행될 수 있는지를 명확하게 보여준다.

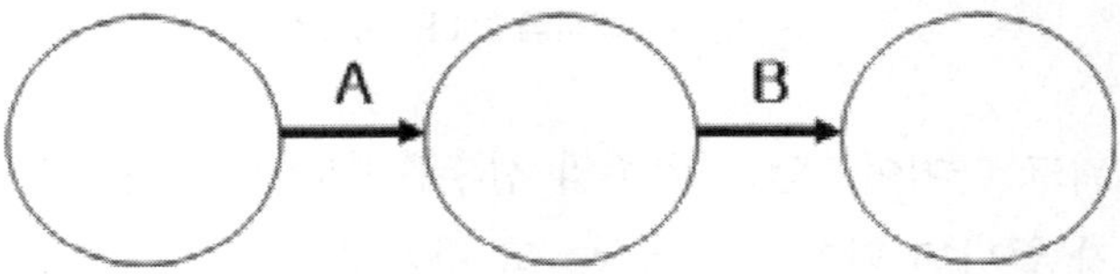

• A가 완료되어야 B가 개시될 수 있다.

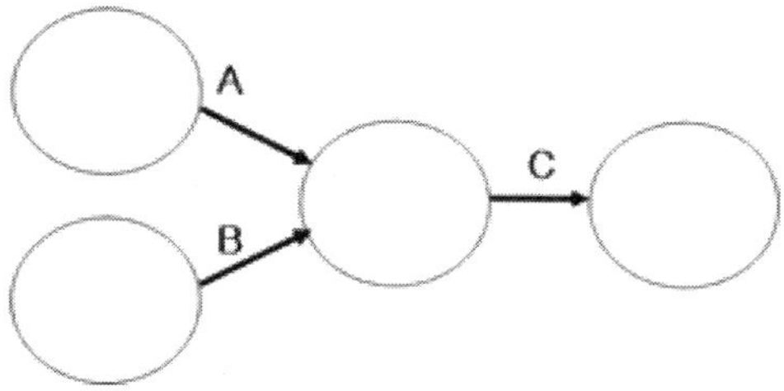

- A, B 둘 다 완료되어야 C가 개시될 수 있다. (A와 B는 동시에 수행될 수 있다. A, B는 서로 독립적이다.)

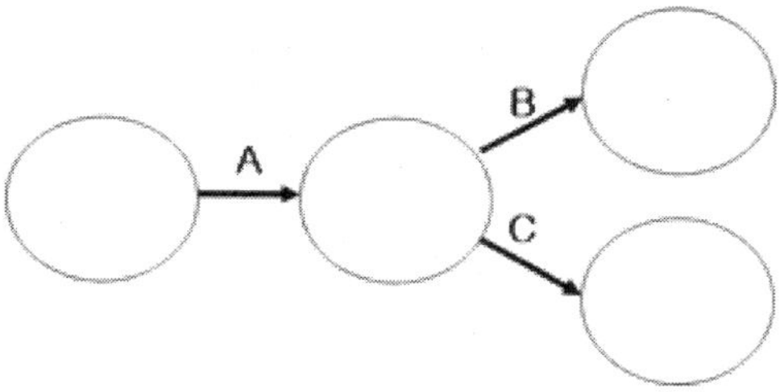

- A가 완료되어야 B나 C가 개시될 수 있다. (B와 C는 동시에 수행될 수 있다.)

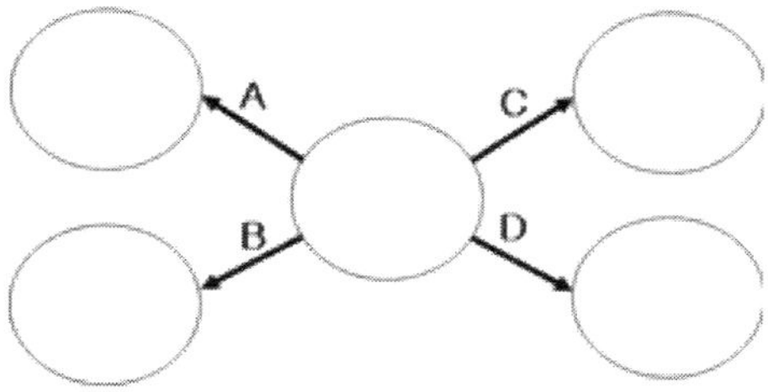

- A, B 둘 다 완료되어야 C나 D가 개시될 수 있다. (A와 B, 그리고 C와 D는 각각 동시에 수행될 수 있다.)

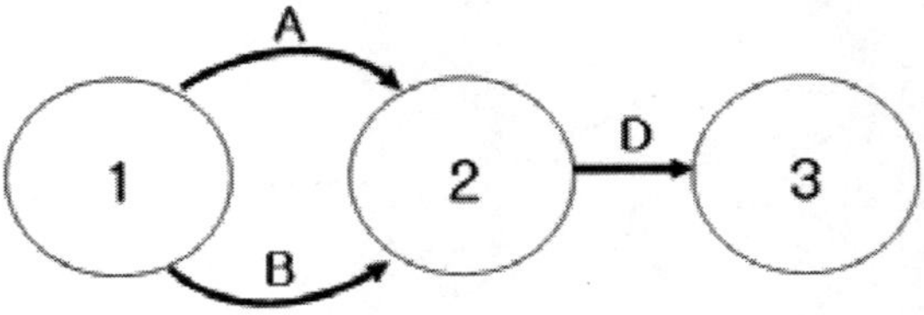

• (이것은 잘못된 표시법이다.) A, B 둘 다 끝나야 D가 개시된다. 그런데 A와 B는 같은 단계에서 시작되고 같은 단계에서 끝나므로 둘 다 활동 1-2로 인식되어 구별이 되지 않는다. 이때는 다음과 같이 표시하면 된다.

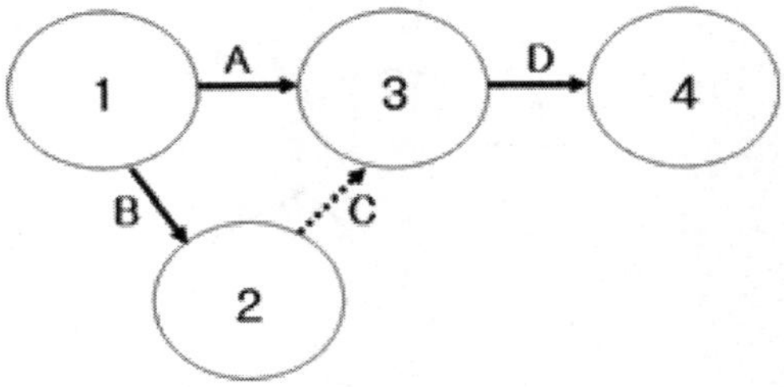

• 이제 A는 활동 1-3, 활동 1-2로 표시되므로 둘이 구별되며 D는 A, B 둘 다 끝나야 개시됨을 알 수 있다. 여기서 C는 A와 B를 구별하기 위하여 '가상활동'이다.

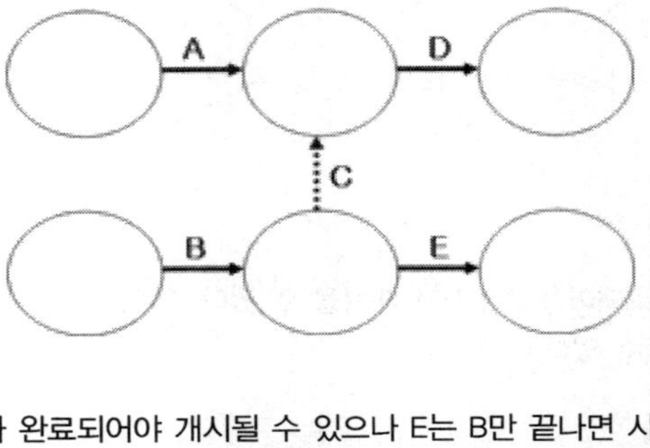

• D는 A, B 둘 다 완료되어야 개시될 수 있으나 E는 B만 끝나면 시작될 수 있다. C는 이와 같은 특수한 선후관계를 명확히 나타내기 위하여 사용된 '가상활동'이다.

앞에서는 가상활동이 사용되는 두 가지 경우를 보았다. 가상활동은 활동을 식별하거나 선후관계를 나타내기 위하여 사용된다. 가상활동은 실질적인 활동이 아니므로 시간과 자원을 소요하지 않으며 점선으로 된 화살표로 표시된다.

짚고 넘어가기(TIP)

가상활동

실제로 존재하지는 않지만 네트워크의 선후관계를 조정하기 위한 보조수단으로, 점선으로 표시함.

네트워크의 진행방향

네트워크에는 하나의 개시단계와 하나의 완료단계가 설정된다. 모든 화살표는 왼쪽에서 오른쪽으로 진행하며 역행하거나 순환하지 않으며 가급적 서로 교차하지 않도록 그려야 한다. 화살표의 길이는 활동시간이 길이와 무관하다. PERT/CPM의 전산시스템에서 모든 활동은 단계번호 ij에 의하여 식별된다. 화살표 머리 번호 j는 화살표 꼬리 번호 i보다 커야 한다. 즉, i<j가 되도록 단계번호를 부여해야 한다. 이렇게 하면 후속단계는 선행단계보다 큰 번호를 가지게 되어 일정계산은 선후관계의 순으로 진행될 수 있다.

1.3 확정시간치의 네트워크

네트워크 분석은 확정시간치를 사용하는 것과 확률시간치를 사용하는 것의 두 가지가 있다. 활동소요시간(활동시간)을 단일수치로 나타낸 것을 확정시간치라 하고, 확률적인 형식으로 나타낸 것을 확률시간치라 한다. 일반적으로 활동시간의 변동이 적을 때는 확정시간치, 활동시간의 변동이 클 때는 확률시간치를 사용한다.

여기서는 먼저 확정시간치의 네트워크를 다루기로 한다. <표 1-2>는 프로젝트 X의 활동리스트이고 [그림 1-7]은 프로젝트 X의 네트워크 다이어그램이다. 여기서 개시와 완료를 나타낸 화살표는 프로젝트의 개시단계와 완료단계를 식별하기 위하여 사용된 것인데, 이들은 없어도 무방하다.

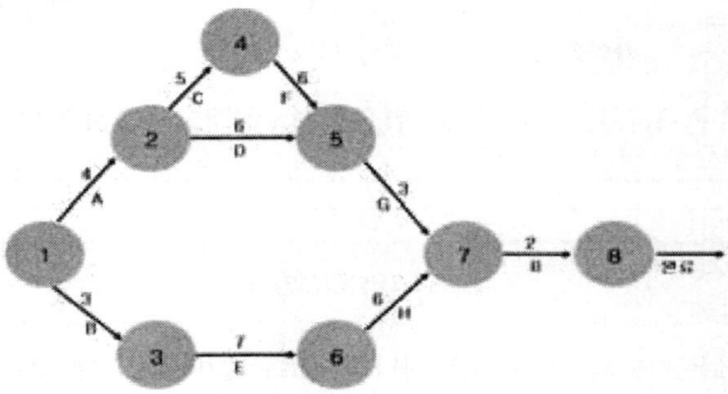

| 그림 1.7 | 프로젝트 X의 네트워크 다이어그램

〈표 1.2〉 프로젝트 X의 활동리스트

활동	직전선행활동	활동시간(주)
A	-	4
B	-	3
C	A	5
D	A	6
E	B	7
F	C	6
G	D, F	3
H	E	6
I	G, H	2

1.3.1 활동시간치의 계산

우선 모든 활동에 대하여 다음과 같은 4개의 시간치를 산출한다. 이들은 나중에 활동의 여유시간, 주 공정 및 프로젝트 완성일을 결정하는데 이용된다.

가장 이른 완료시간(EF, earliest finish time)
활동이 완료될 수 있는 가장 이른 시간(이보다 더 일찍이 끝날 수 없다.)
가장 늦은 개시시간(LS, latest start time)
프로젝트의 완성을 지연시키지 아니하고 한 활동이 시작될 수 있는 가장 늦은 시간(만일 이 시간까지 활동이 시작되지 않으면 프로젝트가 지연된다.)
가장 늦은 완료시간(LF, latest finish time)
프로젝트를 지연시킴이 없이 한활동이 완료될 수 있는 가장 늦은 시간(늦어도 이 시간까지 완료되어야 프로젝트가 지연되지 않는다.)
가장 이른 개시시간(ES, earliest start time)
활동이 시작될 수 있는 가장 이른 시간 (이보다 더 일찍이 시작될 수 없다.)

(1) ES와 EF의 계산

한 활동의 ES와 EF는 다음 계산규칙에 의하여 산출된다.

① 활동 ij의 EF는 그것의 ES에 활동 ij의 기대시간(활동시간) t_{ij}를 더한 것과 같다.

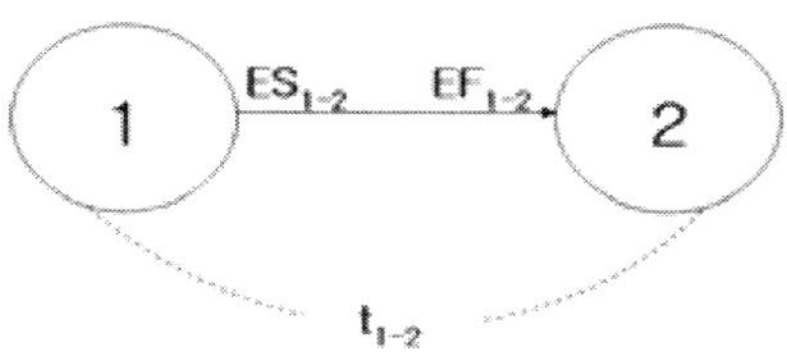

$$EF_{1-2} = ES_{1-2} + t_{1-2}$$

② 진입하는 화살표가 하나뿐인 마디의 경우, 이 마디에서 시작되는 활동의 ES는 진입하는 활동의 EF와 같다.

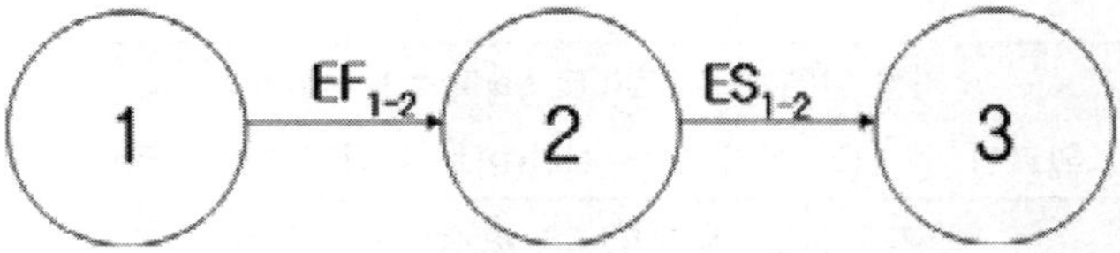

$$ES_{2-3} = EF_{1-2}$$

③ 진입하는 화살표가 두 개 이상인 마디의 경우, 이 마디에서 시작되는 활동의 ES는 진입하는 화살표(직전선행활동) 중의 가장 큰 EF와 같다 (모든 직전선행활동이 완료되어야 후속 활동이 시작될 수 있으므로).

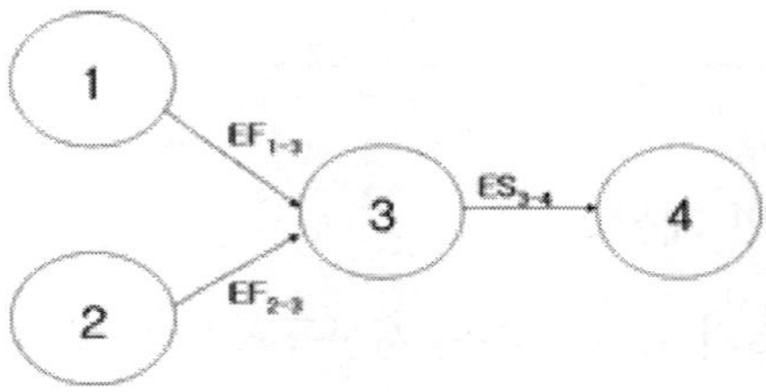

$$ES_{3-4} = \max\{EF_{1-3}, EF_{2-3}\}$$

④ 일반적으로 네트워크의 첫 단계에서 시작되는 활동의 ES는 O으로 한다.

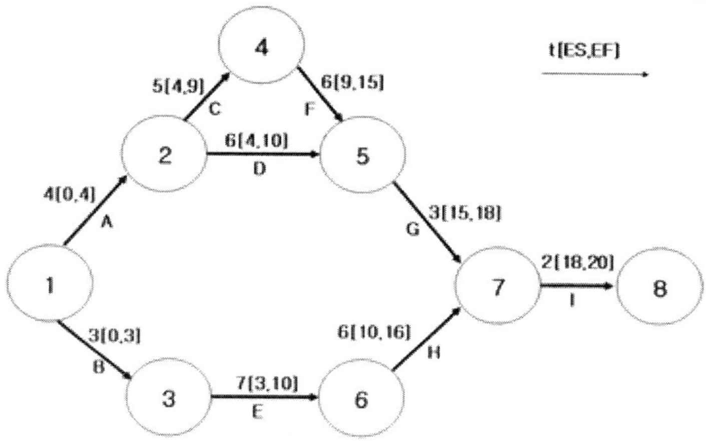

| 그림 1.8 | ES, EF의 계산(프로젝트 X)

활동 4-5의 시간치는

$$ES_{4-5} = EF_{2-4} = 9, \quad EF_{4-5} = 9 + 6 = 15$$

활동 5-7의 시간치는 규칙 3과 1에 의하여

$$\begin{aligned} ES_{5-7} &= \max\{EF_{4-5}, EF_{2-5}\} \\ &= \max\{15,\ 10\} = 15,\ \ EF_{5-7} = 15 + 3 = 18 \end{aligned}$$

활동 6-7의 시간치는

$$ES_{6-7} = EF_{3-6} = 10,\ \ EF_{6-7} = 10 + 6 = 16$$

마지막 활동 7-8의 시간치는

$$ES_{7-8} = \max\{EF_{5-7}, EF_{6-7}\}$$
$$= \max\{18,\ 6\} = 18,\ \ EF_{7-8} = 18 + 2 = 20$$

마지막 활동의 EF는 바로 프로젝트의 완료시간을 의미한다. 그러므로 프로젝트 X의 지속기간은 20주임을 알 수 있다.

(2) LS와 LF의 계산

ES와 EF는 시초단계에서 최종단계로 진행하면서 계산되었으나 LS와 LF는 최종단계에서 시초단계로 진행하면서 계산된다. 그리하여 ES, EF의 계산을 전진계산, LS와 LF의 계산을 역진계산이라 한다. LS와 LF의 계산은 다음의 규칙에 따른다.

① 활동 ij의 LS는 그것의 LF에서 활동시간 t를 뺀 것과 같다.

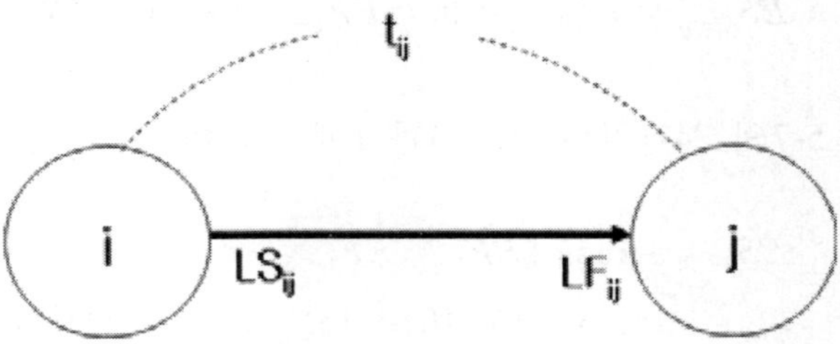

$$LS_{ij} = LF_{ij} - t_{ij}$$

② 직후속활동이 하나인 활동의 LF는 그 직후속활동의 LS와 같다.

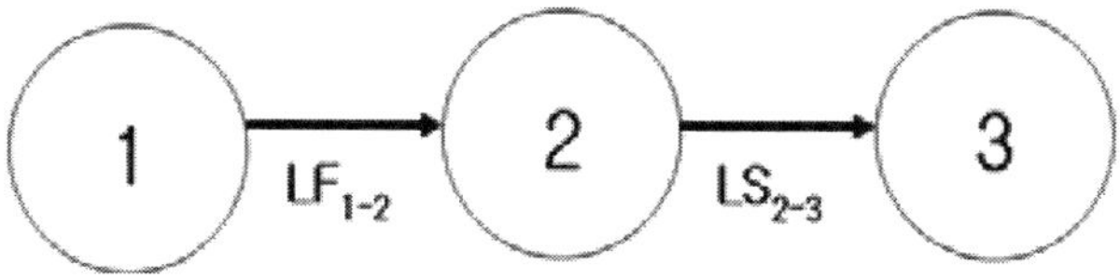

$$LF_{1-2} = LS_{2-3}$$

③ 직후속활동이 둘 이상인 활동의 LF는 그 직후속활동의 최소의 LS와 같다.

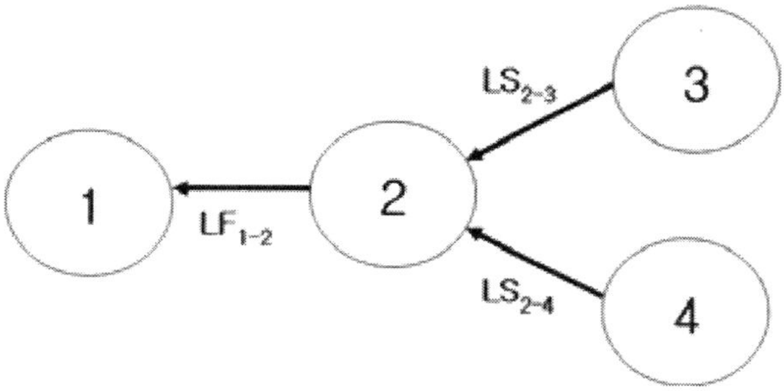

$$LF_{1-2} = \min\{LS_{2-3}, LS_{2-4}\}$$

④ 최종활동의 LF는 그것의 EF와 같게 한다. 즉,

$$LF_{최종활동} = EF_{최종활동}$$

<예시 1>

> 이제 [그림 1-9]의 네트워크를 이용하여 LS와 LF의 계산을 예시하기로 한다. (이 도표에는 이미 LS와 LF가 산출되어, 해당하는 화살표의 아래편에 [LS, LF]의 형태로 표시되었다.)

역진계산은 최종활동의 LF로부터 시작된다. 최종활동 7-8의 LF와 LS는

$$LF_{7-8} = EF_{7-8} = 20 \text{ (규칙 3에 의하여)}$$
$$LS_{7-8} = LF_{7-8} - t_{7-8} = 20 - 2 = 18 \text{ (규칙 1에 의하여)}$$

최종활동 7-8이 늦어도 제18주에 시작되려면 직전선행활동 5-7, 6-7은 늦어도 그때까지 완료되어야 하므로

$$LF_{5-7} = LF_{6-7} = LS_{7-8} = 18 \text{ (규칙 2에 의하여)}$$

이들활동의 LS는

$$LS_{5-7} = 18 - 3 = 15,\ LS_{6-7} = 18 - 6 = 12$$

활동 4-5, 2-5, 4-6의 LF와 LS는

$$LF_{4-5} = LS_{5-7} = 15,\ LS_{4-5} = 15 - 6 = 9$$
$$LF_{2-5} = LS_{5-7} = 15,\ LS_{2-5} = 15 - 6 = 9$$
$$LF_{3-6} = LS_{6-7} = 12,\ LS_{3-6} = 12 - 7 = 5$$

활동 2-4의 시간치는

$$LF_{2-4} = LS_{4-5} = 9,\ LS_{2-4} = 9 - 5 = 4$$

활동 2

$$LF_{2-4} = LS_{4-5} = 9,\ LS_{2-4} = 9 - 5 = 4$$

활동 1-2는 직후속활동이 두 개이므로 규칙 3이 적용되어

이것으로 LS, LF의 계산은 끝났다. 이 때 시초단계에서 출발하는 활동 중에서 적어도 한 활동은 LS가 0이 된다. 만일 그렇지 않다면 계산이 잘못된 것이다. 일반적으로 최종활동의 LF는 그것의 EF와 같게 하여 역진계산을 시작하지만 때로는 다른시간(예컨대 고객이 요구하는 완성일자)으로 정할 수 있다. 이 때는 시초단계에서 출발하는 활동의 LS가 0이 되지 않을 수 있다.

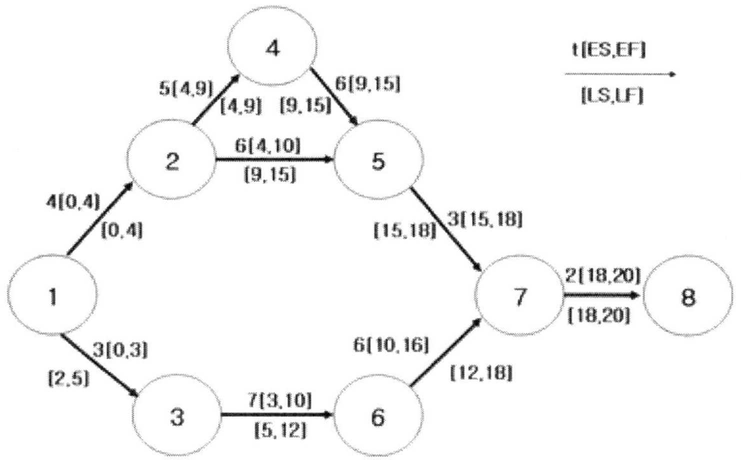

| 그림 1.9 | LS, LF의 계산(프로젝트 X)

1.3.2 여유시간의 계산

4개의 활동시간치 ES, EF, LS, LF가 산출되면 이를 이용하여 활동의 여유시간을 결정할 수 있다. 일반적으로 여유시간이라 하면 총여유시간을 의미하는데 이외에 자유여유시간이 있다.

(1) 총여유시간(Total slack, TS)

활동 ij의 총여유(시간)는 다음과 같이 산출된다.

$$TS_{ij} = LS_{ij} - ES_{ij},\ \text{또는}\ TS_{ij} = LF_{ij} - EF_{ij}$$

예컨대 [그림 1-9]에서 총여유는

$$TS_{2-5} = LS_{2-5} - ES_{2-5} = 9 - 4 = 5$$
$$TS_{2-5} = LF_{2-5} - EF_{2-5} = 15 - 10 = 5$$

총여유는 하나의 활동이 프로젝트의 완성을 지연시킴이 없이 가질 수 있는 여유시간이다. 한 활동이 최대한 총여유만큼 지연되어도 프로젝트는 지연되지 않는다. 그러므로 총여유가 많은 활동은 느긋하게 수행할 수 있고 총여유가 적은 활동은 지연되지 않도록 유의해야 한다.

〈표 1.3〉 프로젝트 X의 활동시간치와 일정계산

활동	활동시간	ES	EF	LS	LF	TS	FS
1-2	4	0	4	0	4	0	0
1-3	3	0	3	2	5	2	0
2-4	5	4	9	4	9	0	0
2-5	6	4	10	9	15	5	5
3-6	7	3	10	5	12	2	0
4-5	6	9	15	9	15	0	0
5-7	3	15	18	15	18	0	0
6-7	6	10	16	12	18	2	2
7-8	2	18	20	18	20	0	0

(2) 주공정의 발견

총여유가 0인 활동을 연결하면 주공정이 발견된다. 주공정의 활동은 총여유가 전혀 없으므로 그것이 조금이라도 지연되면 프로젝트가 지연된다. 하나의 네트워크에 두 개 이상의 주공정이 있을 수 있다. <표 1-3>은 프로젝트 X의 일정계산을 요약한 것이다.

여기서 총여유가 0인 활동은 1-2, 2-4, 4-5, 5-7, 7-8인데 이들을 연결하면 주공정 1-2-4-5-7-8이 발견된다.

(3) 자유여유(free slack, FS)

자유여유란 한 활동이 그것의 직후속활동의 개시(ES)를 늦추지 않으면서 가질 수 있는 여유시간이다. 한 활동이 최대한 자유여유만큼 지연되어도 모든 직후속활동은 예전된 개시시간(ES)에 시작될 수 있다. 활동 ij의 자유여유는 다음과 같이 산출된다.

어느 방향으로 갈것인가?

$$FS_{ij} = (\text{직후속활동의 } ES) - EF_{ij}$$

예컨대 활동 2-5의 자유여유는

$$FS_{2-5} = ES_{5-7} - EF_{2-5} = 15 - 10 = 5$$

활동 2-5는 원래 4주에 시작되어 10주에 끝나는 것으로 되어 있으나 예정보다 5주가 지연되어도 직후속활동 5-7은 예정대로 15주에 개시될 수 있다.

결국 자유여유란 후속활동의 수행에 지장을 주지 않는 여유시간이라 할 수 있다. 그러나 총여유는 다르다. 한 활동이 총여유를 다 소비해 버리면 후속활동의 개시시간이 지연될 수 있다.(프로젝트의 완성은 지연되지 않지만) 총여유는 동일한 경로를 구성하는 활동 들이 공유하는 것이지만 자유여유는 한 활동이 단독으로 가지는 여유시간이다. 한 활동의 자유여유는 그것의 총여유를 초과하지 않는다.

앞에서 예시한 프로젝트 X의 네트워크는 아주 간단한 것이어서 수동식으로 일정계산을 할 수 있다. 그러나 현실의 네트워크는 활동수가 수백, 수천이 되므로 컴퓨터 프로그램을 사용하여 일정계산을 하게 된다. <표 1-3>은 컴퓨터 프로그램을 사용하는 경우에 얻을 수 있는 출력(보고서)을 보여준다.

1.3.3 네트워크 일정계산의 의의

관리자는 일정계산의 결과로 ① 주공정을 발견하고, ② 각 활동의 여유시간을 알 수 있으며, ③ 프로젝트의 완성시기를 예측할 수 있게 된다. 이들 정보는 프로젝트관리에 큰 도움이 된다.

첫째, 주공정의 발견에 의하여 관리자는 중점적으로 통제해야 할 활동이 어느 것인가를 알게 되고 따라서 프로젝트를 저비용, 고효율로 관리할 수 있게 된다. 주공정활동을 잘 관리하면 프로제트의 지연을 막을 수 있고 또 프로젝트를 단축할 필요가 있을 때는 주공정활동을 우선적으로 단축하면 된다. 일반적으로 주공정활동을 잘 관리하면 프로젝트의 지연을 막을 수 있고 또 프로젝트를 단축할 필요가 있을 때는 주공정활동을 우선적으로 단축하면 된다. 일반적으로 주공정활동의 수는 전체의 5~10%가 된다. 극소수의 주공정활동을 잘 관리하면 프로젝트전체를 효과적으로 관리할 수 있게 되는 것이다.

둘째, 활동의 여유시간을 알 수 있다. 이것은 프로젝트의 생산자원을 효율적으로 배분하는데 도움이 된다. 어떤 활동에 많은 인원이 배정되었는데 그 활동의 여유시간이 많다는 사실이 알려졌다고 하자. 이 때 그 인원의 일부를 주공정활동으로 옮길 수 있다면 프로젝트의 기간이 단축될 수 있다. 즉, 자원(비용)의 추가적 투입 없이 일정이 단축되는 것이다.

셋째, 프로젝트의 완성시기를 예측할 수 있다. 이것은 프로젝트의 기획, 검토 및 평가를 위한 중요한 자료가 된다.

1.4 시간과 비용의 트레이드오프

여태까지는 프로젝트의 일정문제를 중점적으로 고찰하였다. 그런데 프로젝트에서는 일정문제 못지않게 비용문제도 중요하다. 그리하여 시초에 순수한 일정계획기법으로 시작된 네트워크기법도 점차 비용통제의 요소를 가미하게 되었다. CPM은 자체 내에 최소비용 일정계획법을 추가하였고 PERT는 예산통제기법을 도입하여 PERT-COST로 발전하였다. 오늘에는 PERT와 CPM의 호환성이 향상되어 어느 시스템에서나 최소비용일정법과 예산통제기법을 마음대로 사용할 수 있다.

프로젝트는 가급적 적은 비용으로 가급적 빨리 완성되는 것이 바람직하다. 그러나 일반적으로 프로젝트의 기간을 단축하려면 투입되는 자원(비용)을 증가시켜야 한다. 즉, 프로젝트의 시간과 비용 사이에는 트레이드오프(대체관계)가 존재하는 것이다. 따라서 시간과 비용의 적절한 트레이드오프를 결정하는 것은 프로젝트 관리자의 또 다른 중요한 책임이라 할 수 있다.

짚고 넘어가기(TIP)

트레이드오프

두 개의 정책목표 가운데 하나를 달성하려고 하면 다른 목표의 달성이 늦어지거나 희생되는 경우의 양자간의 관계.

1.4.1 프로젝트의 시간과 비용의 관계

일반적으로 프로젝트의 시간과 비용 사이에는 다음과 같은 관계가 존재한다.

(1) 활동의 직접비와 활동시간

일반적으로, 자원(비용)의 투입을 증가시키면 활동시간을 단축할 수 있다. 기차 대신 항공편, 보통우편 대신에 빠른 우편을 이용하는 것은 그 한 예이다. 프로젝트의 활동시간을 단축하기 위해서는 잔업, 증원, 장비추가 등의 방법이 이용되는데 이들은 활동의 직접비를 증가시킨다.(그러나 자원투입을 늘여도 시간이 단축되지 않는 경우도 있다.)

활동시간의 단축은 곧 프로젝트일정의 단축으로 이어진다. 관리자는 프로젝트일정의 단축을 원하는 경우가 많은데 그 동기는 다음과 같이 요약할 수 있다.

① 시장경쟁에서 앞서간다.(신제품개발 등).
② 프로젝트 지연에 따르는 벌과금, 위약금을 면한다.
③ 기일 내 완성, 조기완성에 따르는 상여금을 받는다.
④ 프로젝트의 간접비용을 절감한다.
⑤ 새로운 프로젝트에 필요한 인원과 장비를 해방시킨다.

(2) 프로젝트기간과 간접비

일반적으로 프로젝트기간이 길어지면 프로젝트의 간접비가 증가한다. 프로젝트 지속으로 인하여 발생하는 비용은 개개의 활동과는 무관하고 프로젝트 전체와 관련된 것으로 간접비의 성격을 가진다. 감독비, 간접인건비, 전반관리비, 장비비, 시설비, 위약금 등이 이에 해당한다.

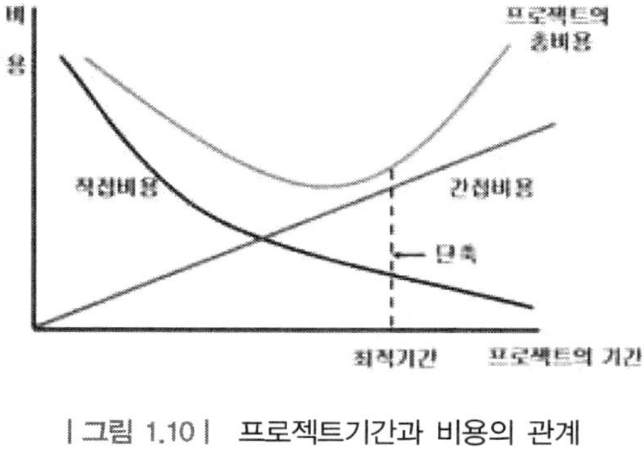

| 그림 1.10 | 프로젝트기간과 비용의 관계

[그림 1-10]은 프로젝트의 기간과 비용의 관계를 보여준다. 활동의 직접비와 프로젝트 간접비는 프로젝트기간의 영향을 받는데

서로 반대 방향으로 움직인다. 즉, 프로젝트기간을 단축하면 직접비는 증가하고 간접비는 감소된다. 이 때 최소비용일정법을 사용하면 총비용(직접비와 간접비의 합)을 최소로 하는 최적 프로젝트기간과 그것을 실현하는 단축방안을 발견할 수 있다.

1.4.2 최소비용일정계획법

최소비용일정법은 앞에서 언급된 것처럼 프로젝트의 시간과 비용 데이터가 주어진 상황에서 프로젝트의 가장 경제적인 지속기간과 구체적인 단축방안을 발견할 수 있는 방법이다. 최소비용일정법의 진행절차는 다음과 같다.

① 각 활동의 정상시간과 긴급시간, 정상비용과 긴급비용을추정한다.

- 정상비용(normal cost, NC): 정상적인 수량의 자원을 투입하여 정상적인 속도로 작업할 때의 소요비용
- 정상시간(normal time, NT): 정상적인 수향의 자원을 투입하여 정상적인 속도로 작업할 때의 소요시간
- 긴급시간(crash time, CT): 필요한 최대한의 자원을 투입하여 서둘러 작업할 때의 소요시간(활동시간은 이보다 더 단축될 수 없다.)
- 긴급비용(crash cost, CC): 필요한 최대한의 자원을 투입하여 서둘러 작업할 때의 소요비용

② 각 활동의 단위 단축비용을 산출한다. [그림 1-11]은 활동시간과 비용의 대체관계를 보여준다. 이 활동은 정상조건에서 6일이 소요되지만 투입비용을 증가시키면 최대한 2일로 단

축시킬 수 있다. 시간과 비용의 대체관계는 블록형(a), 직선형(b), 또는 오목형(c)이 될 수 있다. 일반적으로 계산을 단순화가기 위하여 직선형을 가정하는 경우가 많다. 이 도표에서 활동의 1일 단축비용은 다음과 같이 산출된다.

$$\text{단위 단축비용} = \frac{CC - NC}{NT - CT} = \frac{70 - 30}{6 - 2} = \frac{40}{4} = 10(\text{만 원})$$

③ 정상시간과 정상비용을 가정한 정상계획의 네트워크를작성하고 각 경로의 길이를 산출하여 주공정을 발견한다.

④ 주공정을 한번에 1일씩 단축하되 단위단축비용이 가장 적은 활동부터 차례로 단축한다. 이 때 주공정이 2개 이상 있으면 모든 주공정을 동시에 단축해야 한다.

⑤ 앞의 1일 단축과정은 단축의 이익(프로젝트 간접비의 감소)이 단축의 비용(직접비의 증가)을 초과하는 한 계속되며 이 조건이 충족되지 않을 때 끝낸다.

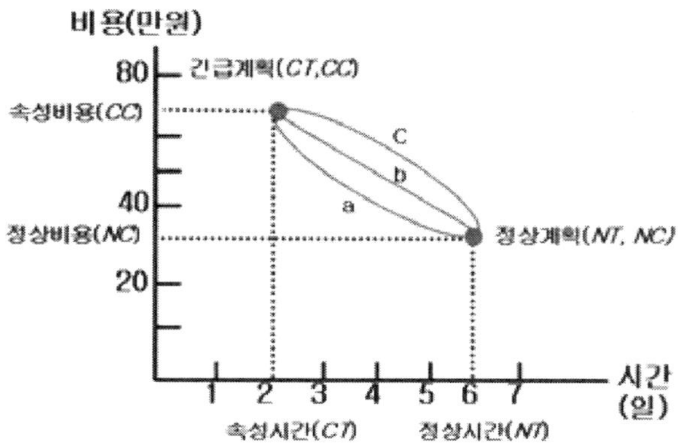

| 그림 1.11 | 활동시간과 비용의 대체관계

<예시 2>

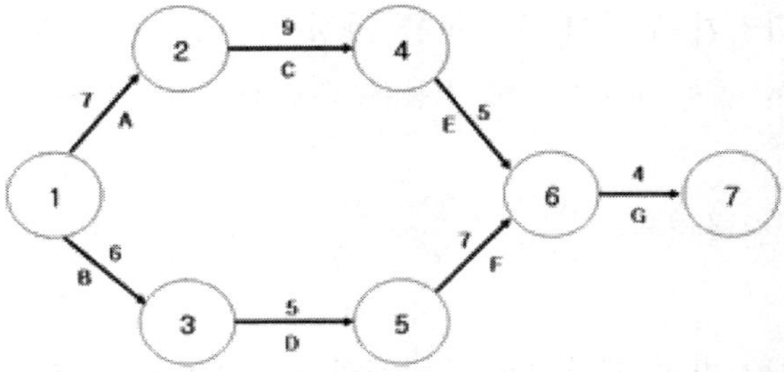

| 그림 1.12 | 프로젝트 Z의 최소비용일정계획자료

[그림 1-12]는 프로젝트 Z의 관련자료이다. 이 프로젝트에서는 하루에 600만원의 간접비가 발생한다. 프로젝트 Z의 최소비용일정계획을 결정하라.

활동	정상시간(일)	긴급시간(일)	1일 단축비용(만원)
A	7	5	300
B	6	3	350
C	9	7	400
D	5	5	–
E	5	4	150
F	7	4	250
G	4	3	500

〈풀 이〉

(1) 이미 각 활동의 정상시간, 긴급시간 및 단위단축비용이 주어졌다. 이제 모든 경로의 길이를 산출하여 주공정을

발견할 차례이다.

경로	경로의 길이	주공정 여부
A-C-E-G	25일	주공정
B-D-F-G	22일	

(2) 주공정활동의 1일 단축비용과 단축가능일수를 조사한다.

활동	1일 단축비용(만원)	단축가능일수
A	300	2
C	400	2
E	150	1
G	500	1

(3) 프로젝트를 한번에 1일씩 단축하고 그때마다 주공정의 길이를 확인한다. 즉,

① 단축 비용이 가장 적은 활동 E를 1일 단축한다. 주공정의 길이는 24일이 된다.
② 이제 활동 E는 더 이상 단축할 수 없으므로 그 다음으로 저렴한 활동 A를 1일 단축한다. 주공정의 길이는 23일이 된다.
③ 활동 A를 1일 더 단축한다. 주공정 A-C-E-G는 22일이 되어 경호 B-D-F-G와 길이가 같게 된다. 이제 두 경로가 다 주공정이 된다.
④ 두 경로가 다 주공정이므로 프로젝트를 단축하려면

각 경로마다 1일씩 단축해야 한다. 이 때 단축 가능한 활동과 단축비용은 다음과 같다.

⑤ 이제 최선의 방법은 650의 추가비용을 들여 C와 F를 단축하는 것이라 생각된다. 그러나 프로젝트의 1일 간접비가 600임을 상기할 때 이제 단축의 비용이 단축의 이익을 초과하므로 여기서 단축절차를 끝내야 한다. 그러므로 앞의 (4)가 프로젝트 Z의 최소비용일정계획이 된다.

경로	활동	단축비용	경로	활동	단축비용
A-C-E-G	A	단축불능	B-D-F-G	B	350
	C	400		D	단축불능
	E	단축불능		F	250
	G	500		G	500

앞에서 실행된 단축과정은 <표 1-4>와 같이 요약할 수 있다.

〈표 1.4〉 프로젝트 Z의 단축과정

누적 단축일수 n	n=0	n=1	n=2	n=3	n=4
단축된 활동	-	E	A	A	G
A-C-E-G의 길이	25	24	23	22	21
B-D-F-G의 길이	22	22	22	22	21
단축비용	-	150	300	300	500
간접비절감	-	600	600	600	600
총비용의 절감	-	450	300	300	100

최소비용일정법은 주어진 프로젝트의 최적지속기간이나 단축일수를 발견할 수 있는 유용한 기법이다. 때로는 요구되는 프로젝트기간이나 단축일수가 미리 주어지는 경우가 있는데 이 때도 이 기법이 적용될 수 있다. 그러나 최소비용일정법은 규모가 큰 네트워크에는 적용하기가 어렵다는 문제점이 있다.

1.5 네트워크기법의 장단점

1.5.1 네트워크기법의 장점

네트워크기법은 전통적인 일정계획인 간트차트와 비교할 때 그 장점이 명확하게 드러난다. 간트차트는 개별활동과 전체 프로젝트의 관계를 명확하게 보여주지 못하므로 합리적인 일정계획을 얻기가 어렵고 일정계획의 과정도 비능률적 이다. 반면에 네트워크기법의 장점은 다음과 같이 요약할 수 있다.

- 개별활동과 프로젝트 전체의 관계를 알 수 있어, 프로젝트를 종합적인 관점에서 조정할 수 있다.
- 활동의 선후관계가 명확하여 프로젝트의 일정을 체계적으로 결정하고 수정할 수 있다.
- 프로젝트 진도에 중대한 영향을 미치는 주공정을 발견하여 이들을 중점적으로 관리할 수 있게 된다.
- 프로젝트의 소요시간과 비용을 비교적 정확하게 예측할 수 있다.
- 프로젝트의 자원(인력, 자재, 장비)을 효율적으로 배분할 수 있다.

1.5.2 네트워크기법의 단점

- PERT/CPM은 주공정만을 강조한다. 그런데 실제로는 주공정 이외의 활동에서 문제가 발생하여 프로젝트가 지연될 수 있다. PERT/CPM은 이와 같은 잠재적 문제점에 대한 대응이 미흡하다.
- 네트워크의 정확한 작성이 어렵다. 주요활동이 누락되거나 활동의 구분과 선후관계가 틀리게 규정될 가능성이 높다.
- 원천적으로 활동시간의 정확한 추정이 어렵다. 또한 활동시간은 추정자의 입장에 따라 가변적이다. 프로젝트의 지지자나 낙관론자들은 과소추정을 하고 실무담당자는 사후의 책임 추궁을 우려하여 과대추정하는 경향이 있다.
- PERT/CPM에서 설정되는 통계학적 가정이 현실과 맞지 않는 경우가 있다.(활동과 경로의 독립성, 활동시간의 베타분포 등)

이와 같은 문제점이 있음에도 불구하고 PERT/CPM은 많이 보급되어 있다. 이것은 PERT/CPM이 프로젝트의 일정과비용을 조직적으로 관리할 수 있는 실용적인 수단임이 입증되었고 또한 다수의 PERT/CPM 소프트웨어가 쉽게 이용될 수 있었기 때문이다.

〈요약정리〉

- 모든 프로젝트는 계획, 일정계획, 통제의 세 단계를 거친다. 계획 단계에서는 프로젝트의 목적, 조직, 소요자원, 관리 및 실행을 위한 중요 인력 등을 결정한다. 일정계획 단계에서는 세부 활동의 결정, 각 활동에 대한 상세한 일정 및 예산 수립, 인력 할당 등이 이루어진다. 통제 단계에서는 시간, 비용 및 성과의 측면에서 프로젝트의 진행을 감시하고, 실제 결과

와 계획 간의 괴리가 큰 경우에는 시정조치를 취한다.

- 프로젝트의 일정계획을 위한 기법으로는 고전적인 간트도와 과학적인 방법인 PERT/CPM이 있다. 간트도는 간단한 프로젝트의 최단완료시간은 구할 수 있으나 복잡한 프로젝트에는 적용하기가 곤란하다. 더구나 간트도는 주공정을 찾아내는 체계적인 과정을 제시해 주지 못한다. 따라서 간트도는 실무에서 주로 기록용이나 보고용으로 쓰인다.
- PERT/CPM은 프로젝트를 네트워크로 나타내어 최단완료시간과 주공정을 구하는 과학적인 기법이다. PERT/CPM 네트워크에서 최단완료시간과 주공정을 구하는 방법으로는 열거법과 전진후진계산법이 있다. 열거법은 모든 경로를 나열하여 가장 긴 경로를 찾아내는 방법이므로 아주 작은 규모의 프로젝트가 아니면 현실적으로 사용하기가 곤란하다. 따라서 전진후진계산법이 보다 현실적이고 과학적인 방법이라고 할 수 있다.
- 활동시간을 확률적으로 추정하는 경우에는 프로젝트의 기대완료시간과 프로젝트가 어떤 기간 내에 완료될 확률을 구할 수 있다.
- 프로젝트 비용은 직접비용과 간접비용으로 구분된다. 직접비용이란 각 활동의 완료에 소요되는 비용을 말한다. 프로젝트의 완료시간을 단축하려면 직접비용이 증가한다. 간접비용이란 프로젝트의 완료시간이 길어짐에 따라 증가하는 비용이다. 두 비용은 프로젝트의 완료시간에 대해 서로 반대 방향으로 움직이므로 프로젝트의 최소비용 일정계획에서는 두 비용의 합이 최소가 되도록 프로젝트의 완료시간을 구한다.

02 CHAPTER 독립수요품목의 재고관리

재고(inventory)란 생산시스템이 생산을 위해 또는 고객의 수요를 충족시키기 위해 보유하고 있는 물품이나 자원을 말하며, 이에는 완제품, 재공품, 각종 원자재 등이 포함된다.

재고는 많은 자본을 요구하고 고객에 대한 제품의 납품에 영향을 미치기 때문에 재고관리(inventory management)는 생산관리의 가장 중요한 기능 중의 하나이다. 재고관리는 생산, 마케팅, 재무 등 기업의 모든 부문에 영향을 미친다. 재고는 마케팅부문의 주요 관심사인 고객 서비스에 영향을 미치며, 재무부문은 재고투자액에 관심을 갖는다. 그리고 생산부문은 원활하고 효율적인 생산을 위해 재고를 필요로 한다.

그러나 기업 내 각 부문의 재고에 대한 견해는 서로 다르다. 재고부문은 소요 자본을 줄이기 위해 일반적으로 낮은 재고수준을 원하고, 마케팅부문은 매출액을 높이기 위해 높은 재고수준을 원한다. 한편 생산부문은 원활한 생산과 안정적인 고용수준을 유지하기 위해 적정한 재고수준을 원한다. 따라서 재고관리에서는 이러한 상충하는 견해간의 균형을 유지하고 기업 전체적으로 가장 이익이 되도록 재고수준을 관리해야 한다.

제조업과 서비스업에 있어서 재고분석의 기본 목적은 재고품목의 주문시기와 주문량의 크기를 결정하는 데 있다. 따라서 재고관리에서는 재고수준을 감시하고, 적정 재고수준, 주문의 시기 및 주문량의 크기를 결정하는 정책 및 통제수단을 제공하여야 한다. 이를 위해 본장에서는 재고관리의 여러 가지 기본적인 개념과 모형들을 소개하기로 한다.

재고관리는 기업의 경영성과를 크게 좌우하는 중요한 관리분야의 하나이며, 기업의 3대 기능으로 일컬어지는 생산, 마케팅, 재무의 여러 활동은 그 모두가 직접, 간접으로 재고관리와 연결되어 있다.

생산부문은 원활한 생산을 위해서 충분한 자재재고를 확보해야 하며 영업부문은 효과적인 판매활동을 위하여 다양하고 충분한 완제품 재고의 뒷받침이 있어야 한다. 그러나 한편으로 두 부문은 재고과잉으로 인하여 재고유지비가 과다하게 발생하지 않도록 노력해야 한다.

대체로 제조업의 연간재고유지비는 재고가치의 30~35%에 달하는 것으로 알려져 있다. 평균재고액이 1억원이라면 연간 3천만원 정도의 재고유지비가 발생하는 것이다. 이 때 만일 관리자가 평균재고를 반으로 줄일 수 있다면 연간 1천5백만원의 재고유지비가 절감되고 이것은 곧 그만큼의 이윤증가로 연결되는 것이다.

오늘날 재고관리의 사고와 방법에는 큰 변화가 일어나고 있다. 오랫동안 경영자들은 재고란 원활한 기업활동을 위하여 꼭 필요한 것이며 충분한 재고를 보유하는 것은 당연한 것으로 생각하여 왔다. 그러나 근래 JIT생산시스템의 등장과 함께 무재고의 재고관리가 최선이라는 주장이 확산되고 있다. 앞으로의 재고관리는 과연 어떤 방향으로 전개될 것인지 자못 궁금하다.

2.1 재고의 목적

기업은 일반적으로 다음과 같은 네 가지 이유 때문에 재고를 보유한다.

① 확실성에 대처하기 위하여: 재고시스템에 있어서는 공급, 수요 및 조달기간(lead time: 주문시점부터 납품까지의 시간)에 불확실성이 존재한다. 기업은 이러한 불확실성에 대처하기 위해 안전재고(safety stock)를 유지한다. 만약 제품에 대한 수요를 정확히 알고 있다면 비록 경제적은 아니더라도 수요는 완전히 알려져 있지 않으며, 따라서 수요변동을 흡수하기 위해서는 안전재고를 유지해야 한다. 마찬가지로 공급자의 납품이나 조달기간에 대한 불확실성을 흡수하기 위해 원자재의 안전재고를 유지하며, 기계설비의 고장, 작업자의 실수, 또는 급속한 일정 변경 등에 대처하기 위해 재공품 재고에 대해서도 안전재고를 유지한다. 만약 이러한 변동이나 불확실성을 줄일 수만 있다면 안전재고도 줄일 수 있다.

② 경제적 생산과 구매를 위하여: 재고품목을 자체 생산하는 경우에는 고정비의 성격을 가진 준비비용(setup cost) 때문에 로트(lot) 방식의 생산이 경제적일 때가 많다. 이 경우 생산된 양은 다음 로트의 생산 시까지 재고로 유지되면서 사용된다. 재고품목을 외부에서 구매하는 경우에도 주문에는 인건비, 통신비, 관리비 등과 같은 고정비의 성격을 갖는 주

문비용 때문에, 그리고 수량할인(quantity discount)이나 수송비의 절감을 위해서 큰 로트로 구매하는 것이 경제적일 수가 있다. 이 경우에도 현재 필요로 하는 양 이상은 재고로 유지되면서 사용된다. 로트 생산이나 구매는 주기적으로 일어나기 때문에 자재를 로트로 생산하거나 구입할 때 발생하는 재고를 주기재고(cycle inventory)라 한다. 하지만 오늘날 산업계에서는 제품이나 공정의 변경을 통해 준비시간과 준비비용을 크게 줄임으로써 로트 크기와 재고를 줄여나가는 것이 추세가 되고 있다.

③ 예상되는 수요와 공급의 변화에 대처하기 위하여: 수요나 공급의 변화가 예상되는 경우가 있다. 원자재의 가격 상승이 예상되거나 파업 등으로 공급이 불확실하다고 판단되면 미리 원자재를 구입하여 재고로 비축할 수 있다. 또한 판촉활동으로 대규모 세일(sale)을 계획하고 있다면 미리 대규모의 완제품 재고를 비축해 두어야 한다. 그리고 에어컨과 같은 계절상품의 경우, 판매는 특정 계절에 집중되지만 고용의 안정이나 생산 능력의 효율적 활용을 위해 생산율을 일정하게 유지하면서 성수기의 수요에 대비하여 재고를 비축해 나갈 수 있다. 이와 같이 예상되는 수요나 공급의 변화에 대처하기 위한 재고를 예비재고(anticipation inventory)라 한다.

④ 운송을 위하여: 생산이나 판매를 위해 한 지역에서 다른 지역으로 운송 중인 완제품 또는 원자재의 재고를 운송재고(transit inventory) 또는 파이프라인 재고(pipeline inventory)라 한다. 엄밀히 말하면 한 공장 내의 생산단계 간에 이동되는 재고도 운송재고에 포함될 수 있다. 이러한 운송재고는

공장의 입지, 배급망, 운송수단 등에 의해 영향을 받는다.

본장에서는 주로 첫 번째와 두 번째 이유로 유지하는 재고를 중점적으로 살펴보며, 나머지 두 가지 이유로 유지하는 재고에 대해서는 총괄계획, 공급사슬관리에서 다룬다.

2.2 재고관련 비용

재고 의사결정과 관련된 비용에는 품목비용, 주문비용 또는 준비비용, 재고유지비용, 재고부족비용이 있다. 재고품목을 외부에서 구입하든 기업 내부에서 생산하든, 최적주문량 또는 최적생산량은 이와 같은 재고관련 총비용을 최소화하는 주문량 또는 생산량을 의미한다. 전통적으로 재고이론에서는 수학적인 모형을 사용하여 재고관련 총비용을 최소화하도록 최적주문량 또는 최적생산량을 결정한다.

(1) 품목비용

품목비용(item cost)이란 재고품목 그 자체의 구매비용 또는 생산비용을 말하며 단위당 원가에 구매수량 또는 생산수량을 곱한 값으로 표현된다. 품목비용은 단위당 원가가 주문량이나 생산량의 크기에 관계없이 일정한 경우에는 재고 의사결정에 영향을 미치지 않는다. 하지만 대량구매에 따라 구입단가가 할인되거나 즉, 수량할인(quantity discount)이 있거나 또는 생산량의 증가에 따라 단위당 생산비용이 감소하는 경우에는 재고 의사결정에 영향을 미친다.

(2) 주문비용 또는 준비비용

주문비용(ordering cost)이란 재고품목을 외부에서 구입할 때 소요되는 여러 가지 경비와 관리비를 말하며 주문량의 크기와는 관계없는 고정비의 성격을 갖는다.

한편 재고품목을 기업 내에서 생산하는 경우에는(가동 또는 생산) 준비비용(setup cost)이 발생한다. 이는 주로 동일한 기계 설비에서 여러 종류의 제품을 생산할 때 발생한다. 생산제품을 변경하기 위해서는 일단 기계설비의 가동을 중지한 다음, 원자재, 공구 및 작업자의 교체, 기계설비의 재조정 등 여러 가지 준비작업이 요구된다. 이러한 생산준비활동에 소요되는 고정비를 준비비용이라 한다. 만일 한 제품에서 다른 제품으로 생산을 변경할 때 비용이나 시간손실이 전혀 발생하지 않는다면 생산품종을 자주 바꿔가며 소로트씩 생산하여 재고수준을 줄일 수 있고 따라서 재고비용을 절감할 수 있다. 따라서 오늘날에는 소로트 생산이 가능하도록 이러한 준비비용을 어떻게 줄이느냐가 중요한 문제로 대두되고 있다. 생산시스템의 변경을 통해 준비시간과 준비비용을 어떻게 줄일 수 있느냐는 적시생산시스템에서 논의될 것이다.

주문비용과 준비비용은 재고관리에서 각각 주문량이나 생산량의 크기에 관계없이 일정액으로 발생하는 고정비로 취급된다.

(3) 재고유지비용

재고유지비용(inventory holding or carrying cost)에는 여러 가지 비용요소들이 포함된다. 즉, 재고에 묶인 자본의 기회비용, 저장시설에 대한 비용, 취급비용, 보험료, 도난, 파손, 진부화(obsolescence), 세금 등 재고유지와 관련된 모든 비용항목을 총괄하여 재고유지비용이라 한다. 일반적으로 재고유지비용의 가장 많은 부분을 차지하는 항목은 재고에 묶인 자본의 기회비용이다. 재고유지비용은 재고품목 1단위를 일정기간 동안 유지하는 데 드는 비용으로 표시되거나, 또는 제고품목 1단위의 가격에 대한 백분율(%)로 표시된다. 재고유지비용이 높으면 재고수준을 낮추어야 하고 따라서 재고를 자주 보충해야 한다.

(4) 재고부족비용

어떤 품목의 재고가 고갈되면 그 품목에 대한 수요는 재고가 보충될 때까지 기다려서 충족되거나 또는 취소된다. 이 경우 재고부족으로 인해 발생하는 여러 가지 비용을 총괄하여 재고부족비용(inventory shortage cost)이라 한다. 재고부족비용은 재고가 보충될 때까지 기다려서 수요가 충족되는가 아니면 수요가 취소되는가에 따라 다음과 같은 두 가지 비용으로 세분된다.

첫째, 재고가 보충될 때까지 기다려서 수요가 충족되면, 즉 추후납품(backlog or backorder)에 의해 수요가 충족되면 제품 인도의 지연으로 인한 벌과금, 생산독촉비용, 신용상실 등의 비용이 발생하는데, 이러한 비용을 추후납품비용(backlogging or backordering cost) 또는 미납품재고비용이라 한다. 이 경우에 재고가 보충될 때까지 발생한 수요는 부의 재고로 처리된다.

둘째, 재고가 없어 수요가 취소되면 품절비용(stockout cost)이 발생한다. 품절비용은 수요를 충족시킬 때 얻을 수 있는 이익의 상실, 신용의 상실 등으로 인한 모든 기회비용을 포함한다. 재고가 없어서 수요가 취소되는 경우에는 부의 재고는 발생하지 않는다.

일반적으로 재고부족비용은 객관적으로 측정하기가 곤란하기 때문에 주관적인 경험이나 추정에 의해 평가된다.

2.3 독립수요와 종속수요

재고품목에 대한 수요는 독립수요(independent demand)와 종속수요(dependent demand)로 구분할 수 있다. 독립수요란 완제품이나 예비부품(spare parts)에 대한 수요와 같이 다른 품목의 수요에 의존하지 않고 기업 외부의 시장조건에 의해 결정되는 수요를 말한다. 따라서 독립수요에는 예측이 필요하다. 반면에 종속수요란 최종제품의 생산에 소요되는 각종 원자재, 부품, 구성품 등과 같이 모품목(母品目)의 수요에 종속되어 있는 품목의 수요를 말한다. 따라서 종속수요는 예측에 의해 결정되는 것이 아니라 독립수요 품목의 생산계획에 따라 결정된다. 예를 들면, 자동차회사에서 최종제품인 자동차에 대한 수요는 시장에서 결정되는 독립수요이며 자동차의 생산에 소요되는 타이어, 핸들, 바퀴, 엔진 등과 같은 각종 부품 및 구성품의 수요는 자동차의 수요에 달려 있으므로 종속수요가 된다. 이들 종속수요품목이 언제 얼마만큼 필요한지는 자동차의 생산계획에 의해 결정된다.

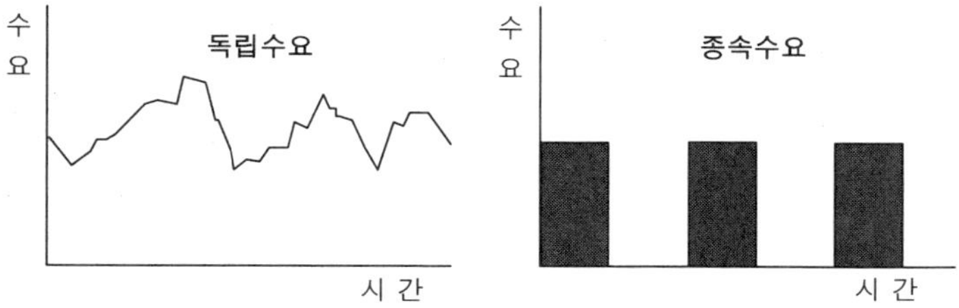

| 그림 2.1 | 독립수요와 종속수요

독립수요와 종속수요의 수요패턴은 서로 매우 다르다. 독립수요는 시장조건에 의해 결정되며, 우연적인 변동이 있기는 하지만 어떤 시계열패턴을 가지고 계속적으로 발생한다. 반면에 종속수요품목은 독립수요품목을 생산할 때에만 필요하고, 또 많은 경우에 생산은 로트(lot) 방식으로 이루어지므로 종속수요는 산발적이고 일괄적(lumpy)으로 발생한다. 즉, 어떤 로트의 생산이 이루어질 때에만 일정한 양의 부품이 소요되고 다음 로트의 생산 시까지는 그 부품을 필요로 하지 않는다. [그림 2-1]은 이와 같은 독립수요와 종속수요의 수요패턴을 보여 주고 있다.

독립수요품목과 종속수요품목은 서로 다른 수요패턴을 갖기 때문에 재고관리에 있어서도 서로 다른 접근법이 필요하다. 독립수요품목의 경우에는 '보충(replenishment)'의 개념이 사용된다. 즉, 재고가 줄어들면 고객의 수요에 대비하여 다시 재고를 보충한다. 따라서 재고가 일정 수준 이하로 내려가면 주문을 하고, 주문량이 들어오면 재고가 보충된다.

종속수요품목의 경우에는 '소요(requirement)'의 개념이 사용된다. 종속수요품목의 주문량은 이들을 사용하는 상위단계의 품목이 그 종속수요품목을 얼마나 필요로 하느냐에 따라 결정된다. 원자재나 부품은 재고가 줄어든다고 해서 주문되는 것이 아니라, 그

원자재나 부품이 쓰이는 상위단계의 품목 또는 최종품목의 필요에 의해서만 주문되는 것이다.

이와 같이 두 가지 유형의 수요는 서로 성질이 다르므로 요구되는 재고관리시스템도 달라진다. 본장에서는 제조업의 완제품 및 예비부품, 소매업과 도매업의 상품, 그리고 서비스산업(예를 들면, 병원, 학교 등)의 재고와 같은 독립수요품목의 재고관리를 살펴보며, 종속수요품목의 재고관리는 자재관리 교육에서 다루기로 한다.

2.4 재고시스템

재고시스템에서는 총재고관련비용을 최소화하도록 재고품목의 주문시기와 주문량을 결정해야 한다. 재고시스템은 주문시기와 주문량을 어떻게 결정하느냐에 따라 고정주문량모형과 정기주문모형의 두 가지 유형으로 구분된다. 또한 재고시스템은 수요와 조달기간이 확정적이느냐 또는 확률적이냐에 따라 확정적 모형으로도 구분된다. 따라서 이 두 가지 구분을 결합시켜 보면 [그림 2-2]와 같이 총 네 가지의 기본 유형이 가능하다. 여기서는 고정주문량모형과 정기주문모형의 일반적인 특성만 살펴보며, 네 가지 기본 모형의 구체적인 형태는 다음 두 절에서 다루기로 한다.

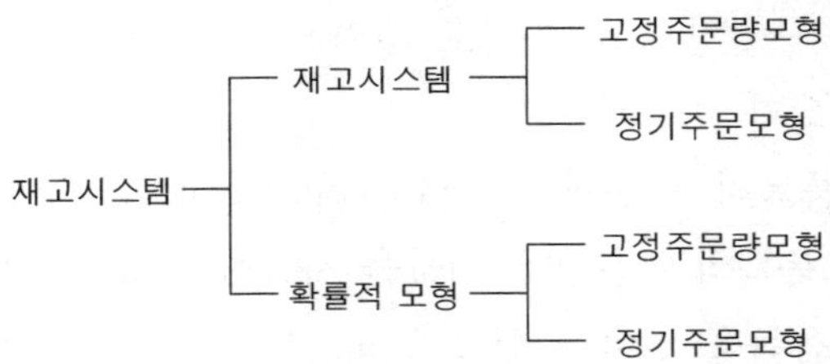

| 그림 2.2 | 재고시스템의 유형

(1) 고정주문량모형

고정주문량모형에서는 재고수준이 미리 정해진 재주문점(reorder point) R에 도달하면 일정한 양 Q만큼 주문한다. 재주문점에 도달하는 시기는 재고품목의 수요에 따라 달라지므로 주문간격은 일정하지 않다. 그리고 재고수준이 재주문점 R에 도달하였는지를 알기 위해서는 계속적으로 재고수준을 검토해 보아야 하므로 고정주문량모형은 계속재고검토시스템(continuous review system)이라고도 불린다. 또한 주문간격은 일정하지 않지만 주문량을 매번 Q로 일정하기 때문에 고정주문량모형을 Q시스템이라고도 한다.

조달기간(lead time), 즉 주문시점부터 주문한 물품이 도착할 때까지 걸리는 시간을 L이라 할 때 고정주문량시스템은 [그림 2-3]과 같다. 이 그림에서 보면 재고수준이 재주문점 R에 도달할 때마다 일정한 양 Q만큼 주문하며, 주문량 Q는 조달기간 L이 지나면 들어온다(여기서 조달기간 L은 일정한 경우도 있고 그렇지 않은 경우도 있다). 그리고 수요변화에 따라 재고수준이 재주문점 R에 도달하는 시간간격은 매번 달라지므로 주문간격은 일정하지 않다.

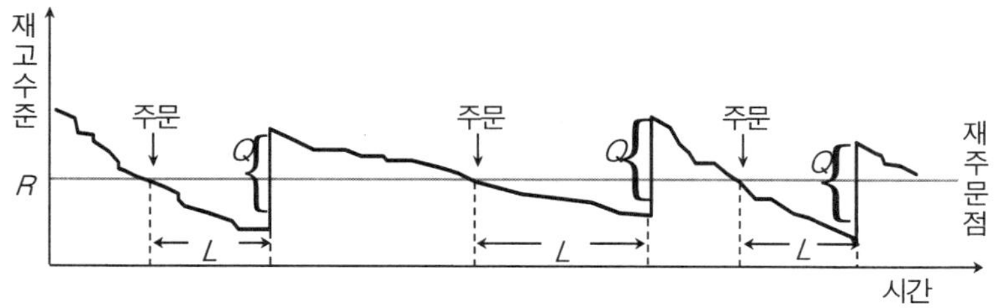

| 그림 2.3 | 고정주문량모형

고정주문량모형에서는 재고와 관련된 총비용이 최소가 되도록

재주문점 R과 주문량 Q의 최적값이 결정되어야 한다.

(2) 정기주문모형

정기주문모형에서는 미리 정해진 일정한 시간간격마다 주문을 한다. 예컨대 매주말마다 또는 매월말마다 주문하는 재고모형을 정기주문모형이라 한다. 정기주문모형에서는 주문시점마다 필요한 양을 주문하는데, 보통은 목표재고수준 또는 재고보충수준을 미리 정해 놓고 주문시점의 재고수준과 목표재고수준과의 차이만큼을 주문한다. 따라서 수요변화에 따라 주문량은 매번 달라진다.

정기주문모형에서는 계속적으로 재고수준을 검토할 필요가 없으며, 다만 매 주문시점마다 주문량을 결정하기 위하여 정기적으로 재고수준을 검토한다. 이와 같은 특성 때문에 정기주문모형은 정기재고검토시스템이라고도 불리며, 또한 주문기간 또는 주문간격이 매번 일정하다고 해서 P시스템이라고도 한다.

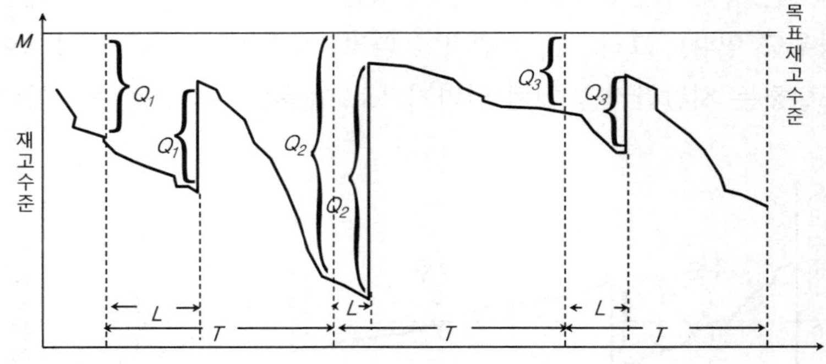

| 그림 2.4 | 정기주문모형

[그림 2-4]는 정기주문모형을 보여 주고 있다. 이 그림에서 M은 목표재고수준을, T는 일정한 주문간격을, 그리고 Q1, Q2, Q3는 매번의 주문량을 의미한다. 그리고 이 그림에서 실제 재고수준

이 목표재고수준에 도달하는 경우는 조달기간 L이 0인 경우뿐이다.

정기주문모형은 주문주기 T와 목표재고수준 M에 의해 완전히 결정되므로 T와 M의 최적값이 결정되어야 한다.

(3) 고정주문량모형과 정기주문모형의 비교

지금까지 살펴본 고정주문량모형과 정기주문모형의 기본적인 차이점을 요약해보면 <표 2-1>과 같다.

〈표 2.1〉 고정주문량모형과 정기주문모형의 차이점

유 형	주문시기	주문량	재고수준의 검토
고정주문량모형 (Q시스템)	재고수준이 재주문점에 도달할 때	일정	계속 검토
정기주문시스템 (P시스템)	미리 정해진 주문주기의 말	변함	주문주기의 말에만 검토

현실에서는 Q시스템과 P시스템, 그리고 양 시스템의 여러 변형이 사용되고 있다. 이 두 시스템 중 어느 것을 선택하느냐는 경제적인 측면뿐만 아니라 경영 관행에도 달려 있다. 하지만 다음과 같은 경우에는 P시스템이 Q시스템보다 선호된다.

① 주문이나 납품이 특정 기간마다 이루어지는 경우에는 P시스템이 사용되어야 한다. 예를 들면, 식료품점이 통조림제품을 매주 주문하여 납품받는 경우에는 P시스템이 사용된다.

② 동일한 공급자에게 여러 품목을 함께 주문하여 납품받는 경우에는 P시스템이 사용되어야 한다. 이 경우 공급자는 여러 품목을 합하여 단일 주문을 받는 것을 선호한다. 예를 들면, 페인트 공급자에게 여러 가지 색상의 페인트를 함께 주문하여 한꺼번에 납품을 받는 경우가 이에 해당한다.

③ 볼트(bolt)나 너트(nut)와 같이 계속적으로 재고기록을 하지 않는 값싼 품목에 대해서는 P시스템이 사용된다.

요컨대 P시스템은 재고의 보충이 사전에 정기적으로 계획되고 재고기록이 덜 요구된다는 이점을 갖고 있다. 하지만 P시스템에서는 재고수준을 계속적으로 검토하지 않고 매 주문주기의 말마다 정기적으로 검토하기 때문에 조달기간뿐만 아니라 주문주기기간에 대해서도 품절의 위험에 대비한 안전재고를 고려해야 한다. 따라서 일반적으로 P시스템은 Q시스템보다 더 많은 안전재고를 요구한다. 이 때문에 고가의 품목에 대해서는 안전재고에 대한 투자를 줄이기 위해 보통 Q시스템이 사용된다. 따라서 Q시스템과 P시스템 중 어느 것을 선택하느냐는 재고보충의 시기, 사용 중인 재고기록관리시스템의 유형, 재고품목의 가격에 달려 있다.

현실에서는 P시스템과 Q시스템의 여러 가지 혼합형태가 사용되기도 한다. 이러한 혼합형태 중의 하나가 정기적으로 재고를 검토하되 만약 검토시점의 재고수준이 s보다 작으면 재고수준이 S가 되도록(즉, 현재의 재고수준과 S와의 차이만큼을) 주문하는 (S, s)시스템이다.[1] 이 시스템에서 s는 재주문점에 해당하며, S는 목표재고수준이 된다.

1) (S, s)시스템을 투-빈 시스템(two-bin system)이라고도 한다.

2.5 확정적 재고모형

본절에서는 수요와 조달기간이 확정적인 재고모형들을 소개하기로 한다. 먼저 고정주문량모형의 대표적인 확정적 모형인 경제적 주문량 모형과 이의 몇 가지 변형을 소개한 다음, 확정적 정기주문모형을 살펴보기로 한다.

2.5.1 경제적 주문량 모형

흔히 EOQ모형(economic order quantity model)이라고 불리는 경제적 주문량 모형은 고정주문량모형의 대표적인 확정적 모형으로서 재고모형 중 가장 기본적이고도 고전적인 모형이다.

(1) 모형의 기본 가정과 정책의 형태

경제적 주문량 모형은 다음과 같은 기본적인 가정을 한다.

① 수요는 알려져 있고 일정하며 균일하게 발생한다(여기서 수요가 균일하게 발생한다는 의미는, 예컨대 연간 수요가 365단위라면 매일 1단위씩 수요가 발생함을 뜻한다).
② 조달기간은 알려져 있고 일정하다.
③ 제품의 구입단가는 일정하다.
④ 주문비용 또는 준비비용은 고정비로서 일정하다.
⑤ 주문량은 조달기간이 지나면 일시에 전량이 들어온다.
⑥ 모든 수요는 재고부족 없이 충족된다.

이상과 같은 가정 하에 경제적 주문량 모형에서는 재고수준이 재주문점 R에 도달할 때마다 일정한 양 Q만큼 주문한다. 따라서 총관련비용이 최소가 되도록 R과 Q의 값을 결정해야 한다.

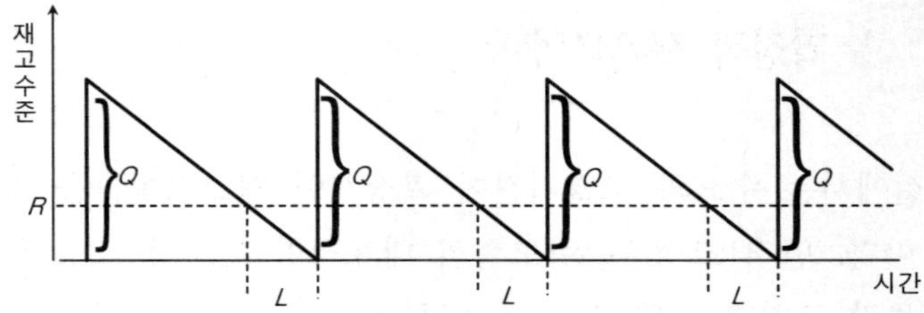

| 그림 2.5 | 경제적 주문량 모형

우선 재주문점 R은 조달기간 동안의 수요량에 해당하는 재고수준이 된다. 왜냐하면 주문한 양이 들어오는 시점에서 재고가 0이 되게 하는 것이 재고유지비용의 측면에서 가장 유리하기 때문이다. 따라서 경제적 주문량 모형에서는 총관련비용을 최소화하는 Q, 즉 경제적 주문량을 어떻게 결정하느냐가 문제가 된다.

[그림 2-5]는 이와 같은 경제적 주문량 모형을 보여 주고 있다. 이 그림에서 보면 재고수준이 재주문점 R에 도달하면 Q만큼 주문하고, 주문량 Q는 일정한 조달기간 L이 경과하여 재고가 0이 되는 시점에서 전량이 들어온다.

(2) 경제적 주문량의 유도

이제 총관련비용을 최소화하는 Q, 즉 경제적 주문량을 결정해 보자. 경제적 주문량 모형에서는 [그림 2-5]와 같은 재고패턴이 시간의 흐름에 따라 계속되므로 어떤 임의의 단위기간당 총관련비용을 최소화하는 Q를 구하면 이것이 곧 무한대기간에 걸쳐 총관련비용을 최소화하는 Q가 된다. 단위기간은 월(月), 년(年) 어느 것도 무방하나 여기서는 편의상 1년을 단위기간으로 사용하기로 한다.2)

2) 여기서는 연간 기준으로 총비용을 최소화하지만, 수요율과 단위당 재고유

먼저 다음과 같이 기호를 정의한다.

TC= 연간 총비용

D= 연간 수요

Q=1회 주문량(최적 주문량을 경제적 주문량이라 하며, EOQ 또는 Q*로 표시한다.)

C= 단위당 구입가격(생산의 경우 단위당 생산비용)

S= 주문비용 혹은 준비비용(고정비)

H= 연간 단위당 재고유지비용(1단위를 1년간 재고로 유지하는 데 드는 비용을 말하며, 보통 단위당 구입가격의 몇 %로 표시한다. 즉, 연간 단위당 재고유지비용이 구입단가의 100i%라면 $H=iC$가 된다.

R= 재주문점

L= 조달기간

한 번에 얼마씩 주문하든 연간 수요 D는 반드시 재고부족 없이 충족시켜야 하므로 연간 총주문량은 D가 되고 연간 구입비용은 DC가 된다. 하지만 이 연간 구입비용 DC는 주문량 Q의 크기와 관계없이 일정하므로 경제적 주문량을 구하는 데는 고려할 필요가 없다. 결국 경제적 주문량과 관련되는 연간 총 비용은 연간 주문비용과 연간 재고유지비용으로 구성된다.

연간 주문비용은 다음과 같은 논리로 계산된다. 한번에 Q씩 주문하여 연간 수요 D를 만족시키려면 연간 주문횟수는 (D/Q)가 된다. 그리고 주문비용은 S이므로 연간 주문비용은 $(D/Q)S$가 된다. 즉,

---

지비용의 기간단위만 같으면 어떤 단위 기간당 총비용의 최소화도 무방하다. 예를 들어, 만약 수요가 월간으로 표현되면 단위당 재고유지비용도 월간으로 표현되어야 하며, 이 경우에는 월간 총비용을 최소화하게 된다.

$$\begin{aligned} \text{연간 주문비용} &= (\text{연간 주문횟수}) \cdot (\text{주문비용}) \\ &= \left(\frac{\text{연간수요}}{\text{1회 주문량}}\right) \cdot (\text{주문비용}) \\ &= \left(\frac{D}{Q}\right) \cdot S \end{aligned}$$

위의 식에서 1회 주문량 Q가 커지면 연간 주문횟수가 줄어들고 따라서 연간 주문비용이 감소함을 알 수 있다. 즉, 연간 주문비용은 1회 주문량 Q가 커지면 감소하고, Q가 작아지면 증가한다.

한편 연간 재고유지비용은 연간 재고량에 연간 단위당 재고유지비용을 곱한 값이 된다. 먼저 연간 재고량을 계산해 보자. 연간 재고량은 [그림 2-5]에서 연간 발생하는 삼각형의 총수의 내부면적이 되고, 이는 결과적으로 평균재고수준과 같게 되는데 이 결과는 [그림 2-6]에서 설명될 수 있다.

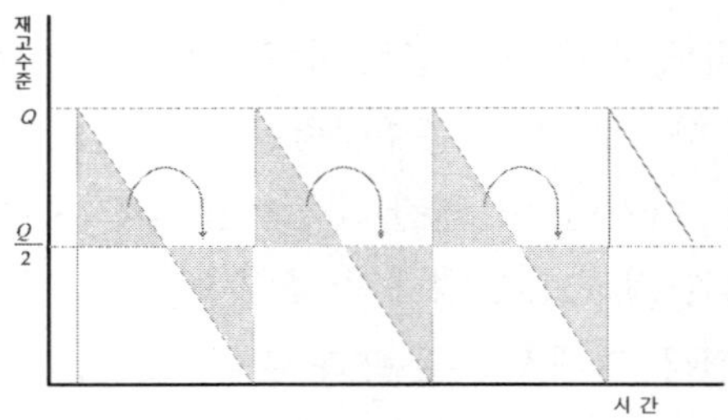

| 그림 2.6 | 연간 재고량의 계산

이 그림에서 높이가 $(Q/2)$인 횡선을 그으면 횡선 위의 작은 삼각형은 횡선 아래의 작은 삼각형과 같음을 알 수 있다. 따라서 윗부분의 작은 삼각형을 아래쪽의 작은 삼각형 부분에 채우면 연간 재고량은 밑변이 1(년), 그리고 높이가 $(Q/2)$인 사각형의 넓이가 되므로 연간 재고량은 $(Q/2)$가 된다.[3)]

3) 연간 발생하는 삼각형의 면적을 구해도 마찬가지 결과를 얻을 수 있다. 즉

이상과 같은 논리에서 연간 재고량은 평균재고수준 Q|2와 같고 연간 단위당 재고유지비용은 H이므로 연간 재고유지비용은 다음과 같다.

$$\begin{aligned}\text{연간 주문비용} &= (\text{연간 재고량}) \cdot (\text{연간 단위당 재고유지비용}) \\ &= (\text{평균재고수준}) \cdot (\text{연간 단위당 재고유지비용}) \\ &= \left(\frac{Q}{2}\right) \cdot H\end{aligned}$$

위의 식에서 연간 재고유지비용은 주문량 Q에 비례적으로 증가하는 비용임을 알 수 있다.

따라서 연간 총비용은 다음과 같이 정리된다.

연간 총비용 = 연간 주문비용 + 연간 재고유지비용

$$TC = \frac{D}{Q} \cdot S + \frac{Q}{2} \cdot H \qquad (2 \cdot 1)$$

주문량 Q와 연간 주문비용, 연간 재고유지비용 및 연간 총비용 간의 관계는 [그림 2-7]과 같다. 이 그림에서 연간 총비용 곡선은 아래로 볼록하며, 연간 총비용은 연간 주문비용과 연간 재고유지비용이 같은 주문량에서 최소가 됨을 알 수 있다.

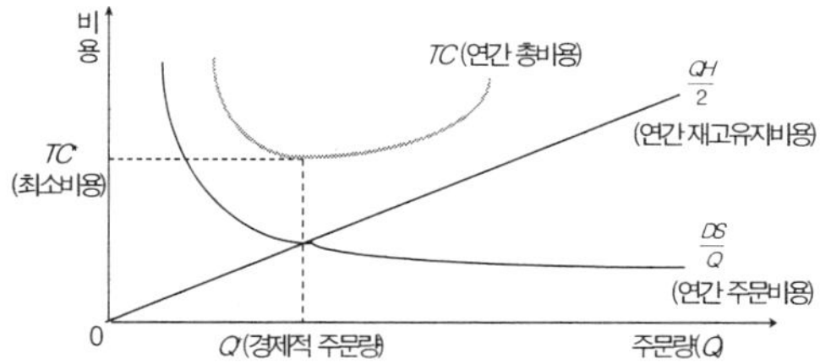

| 그림 2.7 | 주문량과 비용의 관계

삼각형의 높이는 Q이고 밑변은 Q/D이므로 삼각형 1개의 면적은 $(Q/D)Q/2 = Q^2/(2D)$가 된다. 이러한 삼각형은 주문시마다 발생하므로 연간 삼각형의 총수는 연간 주문횟수 D/Q와 같다. 따라서 연간 재고량은 $(D/Q) \cdot Q^2/2D = Q/2$가 된다.

이제 연간 총비용 TC를 최소화하는 주문량 Q^m, 즉 경제적 주문량을 구해보자. [그림 2-7]에서 연간 총비용 곡선은 아래로 볼록하고 최소점을 가지므로 식 (2・1)에서 TC를 Q에 대해 미분한 뒤 0으로 놓고 Q에 대해 푼다.[4] 즉,

$$\frac{dTC}{dQ} = -\frac{DS}{Q^2} + \frac{H}{2} = 0$$

$$\frac{DS}{Q^2} = \frac{H}{2}$$

$$Q^2 = \frac{2DS}{H}$$

$$\therefore Q^* = \sqrt{\frac{2DS}{H}} \qquad (2 \cdot 2)$$

한편 연간 총비용의 최소값 TC^*는 Q^*의 값을 바로 식(2・1)에 대입하면 구할 수 있다. 또는 식 (2・2)를 식 (2・1)에 대입하여 정리해 보면 TC^*는 다음과 같이 D, S, H의 값으로도 표현될 수 있다.

$$TC^* = \frac{DS}{Q^*} + \frac{Q^* H}{2}$$

$$= \frac{DS}{\sqrt{\frac{2DS}{H}}} + \frac{\sqrt{\frac{2DS}{H}} \cdot H}{2}$$

$$= \sqrt{\frac{DSH}{2}} + \sqrt{\frac{DSH}{2}}$$

4) 미분을 쓰지 않고도 경제적 주문량을 구할 수 있다. [그림 2-7]에서 보면 연간 총비용 TC는 연간 주문비용과 연간 재고유지비용이 만나는 점에서 최소가 되므로 $DS|Q = (QH|2)$로 두고 Q에 대해 풀면 식 (2・2)와 마찬가지 결과를 얻는다.

$$\sqrt[2]{\frac{DSH}{2}} = \sqrt{2DSH}$$

재주문점 R은 조달기간 동안의 수요량에 해당하므로 다음과 같다.

$$R = d \cdot L$$

여기서 d = 일간수요

L = 조달기간(일)

한편 연간 최적주문횟수(N^*)와 최적주문주기(T^*)는 다음과 같다.

$$N^* = \frac{D}{Q^*} = \sqrt{\frac{DH}{2S}}$$

$$T^* = \frac{1}{N^*} = \frac{Q^*}{D} = \sqrt{\frac{2S}{DH}}$$

〈예제 2-1〉

A회사에서는 경제적 주문량 모형을 이용하여 재고정책을 수립하려고 한다. 관련 자료는 다음과 같다.

연간 수요(D) = 100단위/년

일간 수요(d) = $\frac{1,000}{365}$ 단위/일

주문비용(S) = 1,000원/회

연간 단위당 재고유지비용(H) = 200단위 · 년

조달기간(L) = 5일

이 자료를 가지고 경제적 주문량 Q^m, 연간 최소비용 TC^*,

연간 최적주문횟수 N^*, 최적주문주기 T^* 및 재주문점 R을 구해 보면 다음과 같다.

$$Q^* = \sqrt{\frac{2DS}{H}} = \sqrt{\frac{2(1,000)(1,000)}{200}} = 100\text{단위}$$

$$TC^* = \frac{DS}{Q^*} + \frac{Q^*H}{2} = \frac{(1,000)(1,000)}{100} + \frac{(100)(200)}{2}$$

$$= 10,000 + 10,000 = 20,000(\text{원})$$

$$(\text{또는 } TC^* = \sqrt{2DSH} = \sqrt{2(1,000)(1,000)(200)} = 20,000(\text{원}))$$

$$N^* = \frac{D}{Q^m} = \frac{1,000}{100} = 10(\text{회})$$

$$T^* = \frac{1}{N^m} = \frac{1}{10}(\text{년}) = 36.5(\text{일})$$

$$R = d \cdot L = (\frac{1,000}{365})(5) = 14(\text{단위})$$

따라서 이 회사는 재고수준이 14단위에 도달할 때마다 100단위씩 주문하면 된다.

(3) 경제적 주문량 모형의 민감도분석 및 한계

<표 2-2>는 <예제 2-1>에서 주문량과 총비용간의 관계를 나타내고 있다. 이표에서 보면 총비용곡선은 최소점 부근에서 매우 평탄함을 알 수 있다. 예를 들어, 경제적 주문량 100단위 대신 90 또는 110단위를 주문하더라도 총비용은 약 0.5%밖에 증가하지 않는다. 심지어 80이나 120단위를 주문하더라도 총비용의 증가폭은 2.5% 이내임을 알 수 있다. 따라서 관리자는 총비용에 크게 영향을 미치지 않으면서도 필요하다면 주문량을 상당폭 조정할 수 있다.

또한 주문비용과 재고유지비용 그리고 수요도 반드시 정확히 추정할 필요가 없다. 왜냐하면 경제적 주문량과 총비용은 이들의 값에 상당히 둔감(insensitive)하기 때문이다. 예를 들면, 만약 주문비용을 50% 과대 추정하더라도 경제적 주문량 공식의 제곱근 때문에 경제적 주문량은 단지 22.5%만 증가한다. 따라서 앞서 [예제 2-1]에서 이 경우 경제적 주문량은 122.5단위로 계산되고, 총비용의 증가분은 <표 2-2>에서 약 2% 정도임을 알 수 있다. 즉, 주문비용을 50%나 과대 추정하여 경제적 주문량을 구하더라도 총비용은 최적값에 비해 2% 정도밖에 증가하지 않는다는 것이다. 마찬가지로 재고유지비용과 수요의 추정오차에 대한 총비용의 오차도 매우 작다.

〈표 2.2〉 총비용과 주문량간의 관계

Q	TC
50	25,000
60	22,667
70	21,286
80	20,500
90	20,111
100[1]	20,000[2]
110	20,091
120	20,333
130	20,692
140	21,143
150	21,667

1) 경제적 주문량

2) TC^*

이와 같이 경제적 모형의 총비용곡선은 최소점 부근에서 평탄하므로 주문비용, 재고유지비용 및 수요의 추정오차에 매우 둔감하다. 따라서 총비용에 크게 영향을 주지 않으면서도 현실 상황에 따라 경제적 주문량을 다소간 조정할 수 있고, 또한 주문비용, 재고유지비용 및 수요를 정확히 추정하지 않더라도 총비용은 크게 변하지 않는다. 이 점이 바로 경제적 주문량 모형의 특징이자 장점인 것이다.

하지만 EOQ모형은 여러 가지 비현실적인 가정에 입각하고 있기 때문에 다음과 같은 한계가 있다.

① EOQ모형은 수요가 확정적이며 일정하다고 가정하고 있다. 그러나 실제 많은 경우에 수요는 불확실하며 상당히 변한다. 수요가 불확실한 경우의 재고관리모형은 다음 절에서 다루기로 한다.

② EOQ모형에서는 모든 수요를 재고부족 없이 즉시 충족시켜야 하는 것으로 가정한다. 그러나 현실적으로는 어느 정도의 비용을 감수하더라도 추후납품, 즉 부(負)의 재고를 허용하는 편이 더 경제적일 수 있다.[5)]

③ EOQ모형에서는 단위당 구입가격은 일정하다고 가정한다. 그러나 현실에서는 대량구매의 경우 통상 수량할인을 해준다. 이 경우에는 기본적인 EOQ모형에 수정이 필요하며, 이러한 수량할인이 있는 경우의 경제적 주문량모형은 본절의 뒤에서 소개하기로 한다.

④ EOQ모형에서는 주문한 양은 일정한 조달기간이 지나면 일시에 전량이 들어오는 것으로 가정한다. 하지만 어떤 경우에는 주문한 양이 일정기간동안 일정한 율로 들어올 수가 있다. 특히, 로트 생산방식을 취하는 경우에는 로트 전체가 일시에 전량이 생산되는 것이 아니라 일정한 율로 생산되어

5) 이 경우에는 주문비용, 재고유지비용 및 재고부족비용의 합을 최소화하도록 최적주문량과 최적재고부족량을 구해야 한다.

나온다. 이러한 경우에 최적주문량 또는 최적생산량을 결정하기 위해서는 기본적인 EOQ모형을 약간 변형시킨 경제적 생산량 모형(EPQ모형: economic production model)이 사용된다. EPQ모형은 바로 다음에서 다룬다.

⑤ EOQ모형에서는 준비비용을 고정비로 가정한다. 하지만 준비비용도 노력 여하에 따라서는 감소될 수 있다. 이러한 경우는 적시생산시스템에서 다룬다.

2.5.2 경제적 생산량 모형

경제적 주문량 모형의 기본적인 가정 중의 하나는 주문량은 일정한 조달 기간이 지나면 일시에 전량이 들어온다는 것이었다. 그러나 통상 생산의 경우에는(특히, 로트 생산방식을 취하는 경우에는) 조달기간에 해당하는 준비시간(setup time)이 끝나면 1회 생산량 전부가 일시에 생산되는 것이 아니라 어떤 생산기간 동안 일정한 생산율로 생산되어 나온다.

한편 수요는 계속적으로 발생하므로 생산기간 동안은 생산과 수요가 동시에 일어난다. 이와 같은 상황에서 1회 생산량 또는 1회 주문량을 결정하는 모형을 경제적 생산량모형(economic production quantity model) 또는 줄여서 EPQ모형이라고 한다.

EPQ모형에서 경제적 생산량(EPQ)은 기본적인 EOQ모형을 약

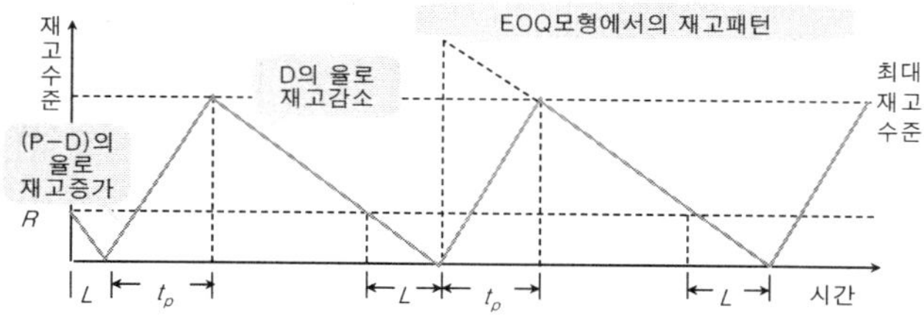

| 그림 2.8 | 경제적 생산량 모형

간 변형시켜 분석해보면 쉽게 구할 수 있다.

먼저 다음과 같이 기호를 정의하자.

$$P = \text{연간 생산율}$$

$$D = \text{연간 수요율}$$

$$Q = 1\text{회 생산량}$$

$$t_p = \text{생산기간(년)}$$

EPQ모형에서는 $P \geq D$라고 가정한다. 따라서 생산기간 t_p동안에는 재고가 $(P-D)$의 율로 증가하여 생산기간이 끝나는 시점에서 $(P-D)t_p$로 최대가 되고, 비생산기간에는 재고가 D의 율로 줄어든다. [그림 2-8]은 이와 같은 재고패턴을 가진 EPQ모형을 보여 주고 있다.

EPQ모형에서 연간 총비용은 다음과 같다.

연간 총비용 = 연간 준비비용+연간 재고유지비용

연간 준비횟수는 D/Q이고 1회 준비비용은 S이므로 연간 준비비용은 다음과 같다.

$$\text{연간 준비비용} = \frac{D}{Q} \cdot S$$

한편 연간 재고유지비용은 연간 재고로 유지하는 양, 즉 평균재고에 연간 단위당 재고유지비용을 곱한 값이다. 먼저 평균재고를 구해 보자. 생산기간 t_p는 1회 생산량 Q를 P의 율로 생산하는 기간이므로 $t_p = Q/P$가 된다. 생산기간 t_p동안 재고는 $(P-D)$의 율로 증가하므로 최대재고수준은 다음과 같다.

$$최대재고수준 = (P-D)t_p$$
$$= (P-D)\frac{Q}{P}$$

평균재고수준은 최대재고수준의 1/2이므로 다음과 같다.

$$평균재고수준 = \frac{(P-D)Q}{2P}$$

따라서 연간 재고유지비용은 다음과 같다.

$$연간\ 재고유지비용 = \frac{(P-D)QH}{2P}$$

그러므로 연간 총비용 TC는 다음과 같이 표현된다.

$$TC = \frac{DS}{Q} + \frac{(P-D)QH)}{2P} \qquad (2 \cdot 3)$$

경제적 생산량 Q^*를 구하는 방법은 EOQ모형에서와 같이 TC를 Q에 대해 미분한 다음 0으로 놓고 Q에 대해 푸는 방법과 연간 준비비용과 연간 재고유지비용을 같게 놓고 Q에 대해 푸는 방법의 두 가지가 있다. 첫 번째 방법으로 Q^*를 구해 보면 다음과 같다.

$$\frac{dTC}{dQ} = -\frac{DS}{Q^2} = \frac{(P-D)H}{2P} = 0$$
$$\frac{DS}{Q^2} = \frac{(P-D)H}{2P}$$
$$Q^2 = \frac{2DSP}{H-(P-D)}$$
$$\therefore Q^* = \sqrt{\frac{2DS}{H} \cdot \left(\frac{P}{P-D}\right)} \qquad (2 \cdot 4)$$

한편 연간 총비용의 최소값 TC^*는 식 (2 · 3)에 Q^*의 값을 대입하여 바로 구하든지 또는 식 (2 · 4)를 식 (2 · 3)에 대입하여 구한다. 후자의 방법으로 TC^*를 구해 보면 다음과 같다.

$$TC^* = \sqrt{2DSH \cdot \left(\frac{P-D}{P}\right)}$$

〈예제 2-2〉

EOQ모형의 <예제 2-1>에서 사용된 자료는 다음과 같았다.

$D = 1{,}000$단위/년, $S = 1{,}000$원/회, $H = 200$원/단위 · 년

만일 생산율이 $P = 2{,}000$단위/년이라면 경제적 생산량 Q^m와 이 때의 연간 최소비용 TC^* 그리고 1회 생산기간 t_p는 다음과 같이 계산된다.

$$Q^* = \sqrt{\frac{2DS}{H} \cdot \left(\frac{P}{P-D}\right)} = \sqrt{\frac{2(1{,}000)(1{,}000)}{200} \cdot \left(\frac{2{,}000}{2{,}000-1{,}000}\right)}$$

$$= 141(\text{단위})$$

$$TC^* = \sqrt{2DSH \cdot \left(\frac{P-D}{P}\right)}$$

$$= \sqrt{2(1{,}000)(1{,}000)(200)\left(\frac{2{,}000-1{,}000}{2{,}000}\right)} = 14{,}142(\text{원})$$

$$t_p = \frac{Q^*}{P} = \frac{141}{2{,}000} = 0.0705\text{년}(\text{약 } 26\text{일})$$

2.5.3 수량할인이 되는 경우의 경제적 주문량 모형

일반적으로 구입단가나 생산단가는 주문량이나 생산량의 크기

에 따라 달라질 수 있다. 물품을 외부에서 구입하는 경우에는 주문량이 일정 수준을 초과하면 수량할인(quantity discount)이 있을 수 있고, 생산의 경우에도 생산량이 커지면 단위당 변동비가 줄어드는 경향이 있다.

수량할인이 있는 경우에 구입단가 C는 주문량 Q에 따라 달라지며, 일반적으로 다음과 같은 형태를 취한다.

$$C=\begin{cases} C_0, 0 = q_0 \leq Q < q_1 \\ C_1 \quad = q_1 \leq Q < q_2 \\ C_2 \quad = q_2 \leq Q < q_3 \\ \quad\quad\quad \vdots \\ C_3 \quad = q_m \leq Q < q_m \end{cases}$$

여기서 $q_j(j=1,2,\cdots\cdots,m)$는 수량할인이 일어나는 주문량을 나타내며 $0=q_0 < q_1 < q_2 \cdots\cdots < q_m < q_{m+1} = \infty$이다. 그리고 $C_j(j=0,1,2,\cdots\cdots,m)$는 주문량 Q가 $q_1 \leq Q \leq q_{j+1}$일 때의 구입단가를 나타내며 $C_0 > C_1 > C_2 \cdots\cdots C_m$의 관계를 갖는다. 따라서 수량할인이 있는 경우의 총구입비용의 형태는 [그림 2-9]와 같다. 이 그림에서 각 구입량의 구간에 적용되는 구입단가 C_j는 그 구간의 직선의 기울기와 같다.

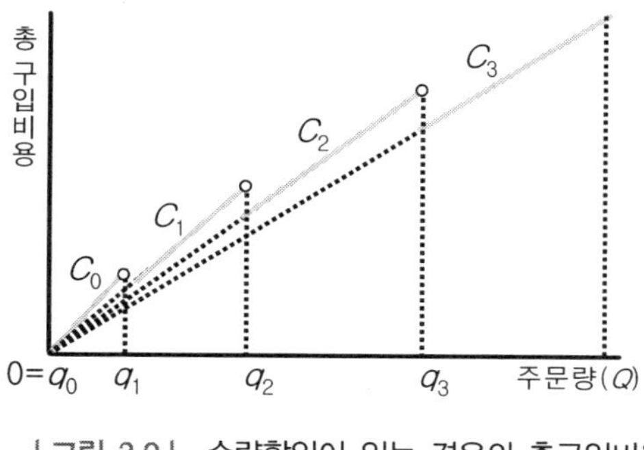

| 그림 2.9 | 수량할인이 있는 경우의 총구입비용

구입단가가 주문량의 크기와 관계없이 항상 일정한 기본적인 EOQ모형과는 달리 수량할인이 있는 경우에는 구입단가가 주문량의 크기에 따라 달라지므로 연간 총비용의 계산에 연간 구입비용이 포함되어야 한다. 그리고 재고유지비용의 많은 부분을 차지하고 있는 것은 재고에 묶인 자본의 기회비용이므로 연간 단위당 재고유지비용도 구입단가에 따라 달라지게 된다. 따라서 수량할인이 있는 경우의 연간 단위당 재고유지비용은 보통 구입단가의 몇 %로 표시된다.

다음과 같이 기호를 정의하자.

$TC_j(Q)$=구입단가가 C_j이고 주문량이 Q일 때의 연간 총 비용

Q_j^*=구입단가가 C_j일 때의 경제적 주문량

i=구입단가에 대한 연간 단위당 재고유지비용의 비율

그러면 $TC_j(Q)$와 Q_j^*는 다음과 같이 표현된다.

$$TC_j(Q) = DC_j + \frac{D}{Q}S + \frac{Q}{2}iC_j, j = 0,1,2,\cdots\cdots,m \qquad (2 \cdot 5)$$

$$Q_j^* = \sqrt{\frac{2DS}{iC_j}}, j = 0,1,2,\cdots\cdots,m \qquad (2 \cdot 6)$$

식 (2 · 6)에서 Q_j^*는 $q_j \leq Q^* \leq q_{j+1}$일 때만 실행가능하고, 이 범위를 벗어날 때는 구입단가가 C_j가 적용되지 않으므로 실행 불가능한 값임을 유의해야 한다. 그리고 $C_0 > C_1 > C_2 > \cdots\cdots > C_m$이므로 식 (2 · 5)에서 $TC_j(Q)$는 모든 Q값에 대해,

$$TC_0(Q) > TC_1(Q) > TC_2(Q) > \cdots\cdots > TC_0(Q)$$

임을 알 수 있다. [그림 2-10]은 $TC_j(Q)$의 전형적인 형태를 보여 주고 있다.

수량할인이 있는 경우의 최적주문량 Q^*를 구하는 방법을 생각해 보자. 가장 단순한 방법은 모든 실행 가능한 Q_j^*를 구하여 $TC_j(q_j)$를 비교하여 연간 총비용이 최소가 되는 주문량을 최적주문량으로 하는 방법이다.

그러나 [그림 2-10]에서 만약 어떤 구입단가 C_k에서의 경제적 주문량 Q_k^*가 실행 가능하다면, $TC_k(Q^{m_k})$는 Q_k^*보다 더 큰 가격차별점 $q_{k+1}, q_{k+2}, \cdots\cdots, q_m$에서의 연간 총비용 $TC_j(q_j), j=k+1, k+2, \cdots\cdots, m$과 비교하면 된다. 따라서 모든 구입단가에 대해 경제적 주문량을 계산할 필요가 없게 된다.

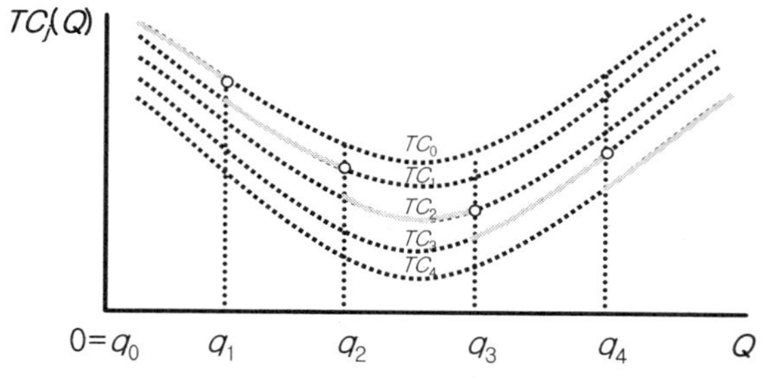

| 그림 2.10 | $TC_j(Q)$의 비용선

이상과 같은 논리로부터 최적주문량 Q^*를 구하는 과정을 다음과 같이 정리해 볼 수 있다.

단계 1: 구입단가가 가장 낮은 것부터 경제적 주문량을 구해 나가다가 실행 가능한 경제적 주문량이 구해지면 단계 2로 간다. 만일 모든 구입단가에 대해 실행 가능한 주문량이 하나도 없으면 단계 3으로 간다.

단계 2: 단계 1에서 구한 실행 가능한 경제적 주문량에서의 연간 총비용과 이 실행 가능한 경제적 주문량보다 더 큰 모든 가격차별점에서의 연간 총비용을 비교하여 연간 총비용이 최소가 되는 주문량을 최적주문량으로 결정한다.

단계 3: 모든 가격차별점에서의 연간 총비용을 비교하여 연간 총비용이 최소가 되는 주문량(가격차별점)을 최적주문량으로 결정한다.

만약 단계 1에서 구입단가가 가장 낮은 C_m 에서의 경제적 주문량 Q_m^* 가 실행 가능하다면, 즉 $q_m \leq Q_m^* \leq Q_m^*$ 보다 더 큰 가격차별점은 없으므로(왜냐하면 $q_{m+1} = \infty$ 이므로) Q_m^* 가 바로 최적주문량이 된다.

〈예제 2-3〉

관련 자료가 다음과 같을 때 최적주문량을 구해 보자.

$$D = 1{,}000\text{단위/년}$$
$$S = 1{,}000\text{원/회}$$
$$C = \begin{cases} C_0 = 100\text{원/단위},\ q = 0 \leq Q \leq 300 = q_1 \\ C_1 = \ 80\text{원/단위},\ q = 300 \leq Q \leq 500 = q_2 \\ C_2 = \ 60\text{원/단위},\ q = 500 \leq Q \end{cases}$$
$$i = 20\%$$

먼저 구입단가가 가장 낮은 $C_2 = 60$원 일 때의 경제적 주문량 Q_2^*를 구해 보면 다음과 같다.

$$Q_2^* = \sqrt{\frac{2DS}{iC_2}} = \sqrt{\frac{2(1,000)(1,000)}{(0.2)(60)}} = 408\text{단위}$$

이 Q_2^*는 구입단가 60원이 적용되는 500단위 이상이 아니므로 실행 불가능하다.

따라서 그 다음으로 낮은 구입단가 $C_1 = 80$원일 때의 경제적 주문량 $\cdot Q_1^*$를 구해 보면 다음과 같다.

$$Q_1^* = \sqrt{\frac{2DS}{iC_1}} = \sqrt{\frac{2(1,000)(1,000)}{(0.2)(80)}} = 354\text{단위}$$

이 Q_1^*는 구입단가 80원이 적용될 수 있는 범위에 들어가므로 이 때의 연간 총비용 $TC_1(Q_1^* = 354)$와 Q_1^*보다 더 큰 가격차별점 $q = 500$단위에서의 연간 총비용 $TC_2(q_2 = 500)$을 비교해야 한다. 이들을 계산해 보면 다음과 같다.

$$\begin{aligned} TC_1(Q_1^* = 354) &= DC_1 + \frac{D}{Q_1^*}S + \frac{Q_1^*}{2}iC_1 \\ &= (1,000)(80) + \frac{1,000(1,000)}{354} + \frac{354(0.2)(80)}{2} \\ &= 85,657(\text{원/년}) \end{aligned}$$

$$\begin{aligned} TC_2(q_2 = 500) &= DC + \frac{DS}{q_2} + \frac{q_2}{2}iC_1 \\ &= (1,000)(60) + \frac{1,000(1,000)}{500} + \frac{500(0.2)(60)}{2} \\ &= 65,000(\text{원/년}) \end{aligned}$$

이상에서 $TC_2(q_2 = 500) < TC_1(Q_1^* = 354)$이므로 최적

주문량 Q^*는 500단위가 된다.

2.5.4 확정적 정기주문모형

이제 확실성하의 정기주문모형을 생각해 보자. 정기주문모형에서는 T기간마다 주문을 하며, 주문량은 주문시점의 재고수준과 목표재고수준 M과의 차이가 된다. 따라서 정기주문모형에서는 최적주문주기 T^*와 최적목표재고수준 M^*의 값을 구해야 한다.

EOQ모형과 동일한 가정을 하고 재고부족을 허용하지 않으면 한 주문주기당 주문량 Q는 주문주기 T기간 동안의 수요를 충족시켜야 하므로 다음과 같다.

$$Q = DT \qquad (2\cdot7)$$

더욱이 재고유지비용을 최소화하기 위해서는 주문량이 도착하는 시점에서 재고가 0이 되어야 하므로 확정적인 정기주문모형의 재고패턴은 [그림 2-11]과 같다. 이 그림에서 $Q(i = 1,2,3,\cdots\cdots)$는 매회의 주문량을 의미하며 D와 T가 일정하므로 식 (2 · 7)로부터

$$Q_i = Q = DT,\ i = 1,2,3,\cdots\cdots$$

가 되어 주문량은 매회 일정하게 된다. M은 목표재고수준(즉, 재고보충수준)을 나타내며, 실제 재고량이 이 수준에 도달하는 경우는 조달기간 L이 0인 경우뿐이다.

확실성하의 정기주문모형은 [그림 2-11]에서 보듯 기본적인 EOQ모형과는 달리 최적주문주기 T^*와 최적목표재고수준 M^*의 값을 구해야 한다. 먼저 연간 주문비용을 구해 보면, 주문주기 T

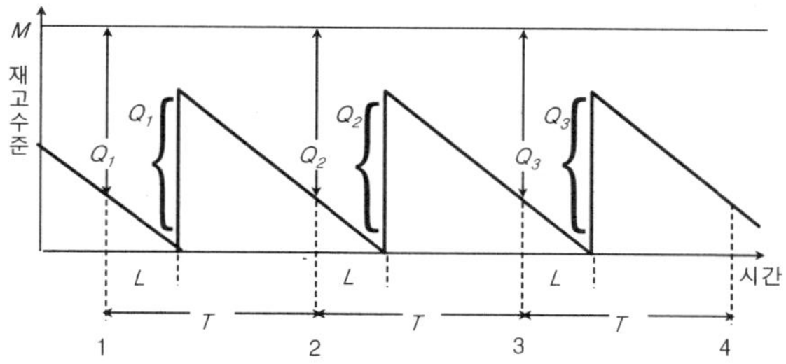

| 그림 2.11 | 확정적 정기주문모형

동안 주문은 한 번 이루어지므로 연간 주문횟수는 $1/T$이 되며, 주문비용은 S이므로 연간 주문비용은 S/T가 된다. 한편 평균재고수준은 [그림 2-11]에서 $Q/2$이고 식(2・7)에서 $Q=DT$이므로 연간 재고는 $Q/2=DT/2$이며, 따라서 연간 재고유지비용은 $DTH/2$가 된다. 그러므로 연간 총비용 TC는 다음과 같이 표현된다.

$$TC=\frac{S}{T}+\frac{DTH}{2} \qquad (2 \cdot 8)$$

위의 식을 T에 대해 미분한 다음 0으로 놓고 풀면 다음과 같이 최적주문주기 T^*를 구할 수 있다.[6)]

$$\frac{dTC}{dT}=-\frac{S}{T^2}+\frac{DH}{2}=0$$

$$T^2=\frac{2S}{DH}$$

$$\therefore T^2=\sqrt{\frac{2S}{DH}}$$

6) 또는 식 (2·8)에서 연간 주문비용=연간 재고유지비용, 즉 $S/T=DTH/2$로 놓고 T에 대해 풀더라도 T^m의 값을 얻을 수 있다.

이 최적주문주기 T^*는 EOQ모형의 최적주문주기와 같음을 알 수 있다.

$$Q^* = D \cdot T^* = D \cdot \sqrt{\frac{2S}{DH}} = \sqrt{\frac{2DS}{H}}$$

가 되어 EOQ모형과 정확히 일치한다. 이는 단지 수요와 조달기간이 일정하다는 가정 하에서 얻어진 결과일 뿐이다. 즉, EOQ모형의 기본적인 가정 하에서는 고정주문량모형과 정기주문모형은 서로 일치한다.

한편 [그림 2-11]에서 보면 M^*는 Q^*에 조달기간 L동안의 수요를 더한 값이므로 다음과 같다.

$$\begin{aligned} M^* &= Q^* + d \cdot L \\ &= \sqrt{\frac{2DS}{H}} + d \cdot L \end{aligned}$$

2.6 확률적 재고모형

확정적 재고모형에서는 수요가 확실하게 알려져 있다는 가정을 하였다. 더구나 EOQ모형에서는 수욜르 일정하게 보았다. 그러나 대부분의 경우 수요는 확정적이 아니며 확률적으로 발생하기 때문에 실제로는 재고부족(품절)을 방지하기 위해 필요한 수준의 안전재고를 유지해야 한다.

본절에서는 EOQ모형의 기본적인 가정 중 수요가 확정적으로 일정하다는 가정과 재고부족을 허용하지 않는다는 가정을 제외한 나머지 가정들은 그대로 두면서 수요가 확률적인 경우의 재고모형을 고정주문량모형과 정기주문모형으로 나누어 살펴보기로 한다.

2.6.1 확률적 고정주문량모형

앞서 재고시스템에서 살펴본 바와 같이 고정주문량모형에서는 재고수준을 연속적으로 검토하여 재고수준이 재주문점 R에 도달하면 일정한 양 Q만큼 주문한다. 주문주기는 수요변화에 따라 달라진다. 따라서 고정주문량모형은 Q와 R의 값에 의해 완전히 결정된다.

수요가 확률적인 경우의 고정주문량모형에서 Q와 R을 결정하는 방법을 생각해 보자. 먼저 1회 주문량 Q는 EOQ공식에 의해 근사적으로 결정된다. 단, 이 경우에는 연간 수요 D 대신에 연간 평균수요 $\overline{D}$를 쓴다. 따라서 Q는 다음과 같이 근사적으로 계산된다.

$$Q = \sqrt{\frac{2\overline{D}S}{H}}$$

수요가 매우 불확실한 경우만 아니라면 이와 같이 구한 Q는 최적주문량에 대한 좋은 근사치가 된다.

재주문점 R의 값은 품절비용(stockout cost)이나 품절확률(stockout probability)에 근거하여 산출할 수 있으나, 품절비용을 이용하는 모형은 수학적으로 매우 복잡하고 또한 일반적으로 품절비용은 측정하기가 어렵기 때문에 보통은 품절확률에 근거하여 R의 값을 결정한다. 이와 관련하여 재고관리에서 널리 쓰이는 개념이 재고로부터 바로 충족되는 고객 수요의 백분율(%)을 의미하는 서비스수준(service level)이다. 예컨대 100% 서비스수준이란 모든 고객 수요가 재고로부터 바로 충족됨을 의미한다. 따라서 품절확률은 100%에서 서비스수준을 뺀 값이 된다.

서비스수준을 나타내는 방법에는 다음과 같이 여러 가지가 있다.

① 서비스수준이란 조달기간 동안 발생한 수요가 재고로부터 바로 충족되는 확률이다.
② 서비스수준이란 주어진 기간 동안 발생한 수요 중 재고로부터 바로 충족되는 수요의 백분율(%)을 의미한다.
③ 서비스수준이란 시스템이 재고를 보유하고 있는 기간의 백분율을 의미한다.

이와 같은 서비스수준의 여러 가지 정의 가운데 어느 것을 선택하느냐에 따라서 재주문점의 값이 달라지는데 여기서는 첫 번째 정의를 서비스수준으로 사용하기로 한다.

고정주문량모형에서는 재고수준이 재주문점 R에 도달하면 주문을 하고 또한 일반적으로 R은 0보다 크므로 품절이 발생할 수 있는 기간은 조달기간뿐이다. 따라서 특정 서비스수준을 만족시키는 R의 값을 결정하기 위해서는 조달기간 동안의 수요의 확률분포를 알아야 한다. 여기서는 조달기간 중의 수요가 정규분포를 하는 것으로 가정한다.

[그림 2-12]는 전형적인 조달기간 동안의 수요의 확률분포를 보여 주고 있다. 이 그림에서 R은 조달기간 동안의 평균수요 μ에 안전재고 s를 더한 값이다. 그리고 왼쪽 부분은 조달기간 동안의 수요가 R보다 작거나 같은 확률, 즉 서비스수준을 나타내는 확률이며, 오른쪽 부분은 조달기간 동안의 수요가 R보다 클 확률,

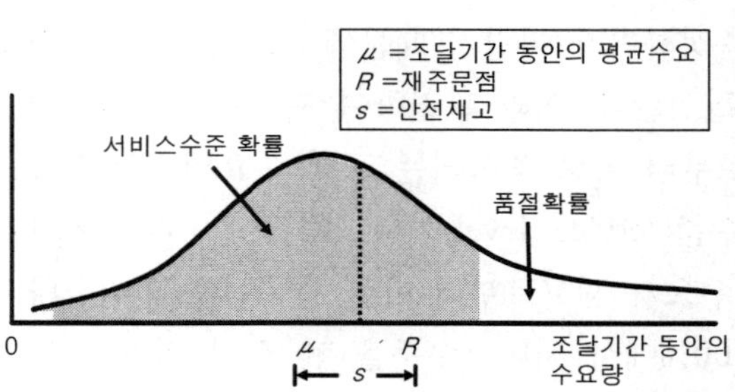

| 그림 2.12 | 조달기간 동안의 수요의 확률분포

즉 품절확률을 나타낸다. 따라서 조달기간 동안의 수요의 확률분포에서는 다음과 같은 관계가 성립된다.

서비스수준 = 1-품절확률

그리고 이상의 논리를 고정주문량모형의 재고패턴에 표시해 보면 [그림 2-13]과 같다.

따라서 어떤 특정 서비스수준을 충족시키기 위한 재주문점은 다음과 같이 표현된다.

$$R = \mu + s \qquad (2 \cdot 9)$$

여기서 R=재주문점

μ=조달기간 동안의 평균수요

s=안전재고

그리고 조달기간 동안의 수요는 평균이 μ, 표준편차가 σ인 정규분포를 한다고 가정하므로 식 (2 · 9)에서 안전재고 s는 다음과 같이 표현된다.

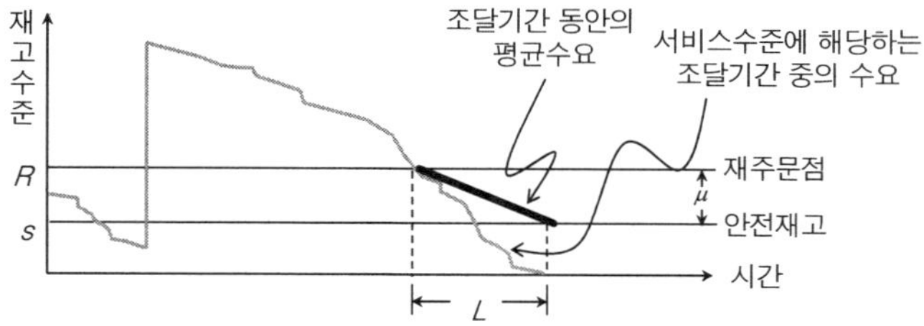

| 그림 2.13 | 안전재고를 고려한 고정주문량모형

$$s = z\sigma \qquad (2 \cdot 10)$$

여기서 z = 특정 서비스수준을 유지하기 위한 표준편차의 배수

σ = 특정 서비스수준을 유지하기위한 표준편차의 배수

따라서 식 (2 · 9)와 (2 · 10)을 결합시켜 보면 재주문점 R은 다음과 같다.

$$R = \mu + z\sigma \qquad (2 \cdot 11)$$

재주문점과 서비스수준은 식 (2 · 11)에서 표준편차의 배수 값에 의해 조정되며, z값을 크게 할수록 재주문점과 서비스수준은 높아진다. <표 2-3>은 부표 I의 표준정규분포표로부터 발췌된 것으로 조달기간 동안의 수요가 $(\mu + z\sigma)$보다 작거나 같을 확률, 즉 서비스수준을 각 z값에 대해 표시하고 있다. 요구되는 특정 서비스수준이 주어지면 이에 해당하는 z값을 <표 2-3>에서 찾은 다음, 식 (2 · 11)을 이용하여 재주문점을 구한다.

〈표 2.3〉 정규분포의 z값과 서비스 수준

z	서비스수준(%)	품절확률(%)	z	서비스수준(%)	품절확률(%)
0	50.0	50.0	2.0	97.7	2.3
0.5	69.1	30.9	2.1	98.2	1.8
1.0	84.1	15.9	2.2	98.6	1.4
1.1	86.4	13.6	2.3	98.9	1.1
1.2	88.5	11.5	2.4	99.2	0.8
1.3	90.3	9.7	2.5	99.4	0.6
1.4	91.9	8.1	2.6	99.5	0.5
1.5	93.3	6.7	2.7	99.6	0.4
1.6	94.5	5.5	2.8	99.7	0.3
1.7	95.5	4.5	2.9	99.8	0.2
1.8	96.4	3.6	3.0	99.9	0.1
1.9	97.1	2.9			

〈예제 2-4〉

어느 상점에서 판매되는 제품의 1일 수요는 정규분포를 하며 관련 자료는 다음과 같다고 한다.

1일평균수요$(\bar{d})$ = 200단위/일
1일수요의표준편차 = 150단위
조달기간(L) = 4일
요구되는서비스수준 = 95%
1회 주문비용(S) = 2,000원/회
연간단위당재고유지비용(H) = 200원/단위·년

그리고 이 상점은 1주일에 5일, 연간 50주, 즉 연간 250일 영업한다고 한다. 고정주문량시스템을 취할 때 최적 재고정책을 구하라.

연간 평균수요 $\bar{D}$는

$$\bar{D} = 250(200) = 50{,}000\text{단위/년}$$

이므로, 1회 주문량 Q를 EOQ공식을 이용하여 근사적으로 구해 보면 다음과 같다.

$$Q = \sqrt{\frac{2\bar{D}S}{H}} = \sqrt{2(50{,}000)\frac{(2{,}000)}{200}} = 1{,}000(\text{단위})$$

1일 평균수요는 200단위이고 조달기간은 4일이므로 조달기간 동안의 평균수요 μ는 다음과 같이 계산된다.

$$\mu = \bar{d} \cdot L = 200(4) = 800(\text{단위})$$

1일 수요의 표준편차가 150단위이므로 1일 수요의 분산(즉, 표준편차의 제곱)은 $(150)^2$이고, 매일의 수요는 독립적이라고 볼 수 있으므로 조달기간 4일 동안의 수요의 분산은 $4(150)^2$이 된다. 따라서 조달기간 동안의 수요의 표준편차 σ는 다음과 같이 계산된다.

$$\sigma = \sqrt{4(150)^2} = 300(\text{단위})$$

<표 2-3>에서 95% 서비스 수준에 해당하는 z값은 1.65이므로 재주문점 R은 다음과 같이 계산된다.

$$\begin{aligned} R &= \mu + z\sigma \\ &= 800 + 1.65(300) \\ &= 800 + 495 \\ &= 1,295(\text{단위}) \end{aligned}$$

따라서 이 상점은 재고수준이 1,295단위가 될 때마다 1,000단위씩 주문하면 된다. 그리고 이 경우 안전재고는 다음과 같다.

$$s = z\sigma = 1.65(300) = 495(\text{단위})$$

2.6.2 확률적 정기주문모형

앞서 재고시스템에서 살펴본 바와 같이 정기주문모형에서는 재고수준을 연속적으로 검토하는 것이 아니라 일정한 주문주기 T마다 정기적으로 재고수준을 검토하여 그 때의 재고수준과 목표재고수준 M과의 차이만큼을 주문한다. 여기서는 수요가 호가률적일 때의 정기주문모형을 살펴보기로 한다.

앞서 재고시스템에서 제시된 [그림 2-4]에서 보는 바와 같이 정기주문모형에서는 목표재고수준 M으로 다음 주문주기 T와 조달기간 L동안의 수요를 충족시키게 된다. 왜냐하면 $(T+L)$기간 초의 재고수준과 목표재고수준 M과의 차이에 해당되는 양이기 때문이다.

정기주문모형은 두 개의 변수 T와 M에 의해 완전히 결정된다. 주문주기 T의 최적값에 대한 근사치는 앞에서 살펴본 확정적 정기주문모형의 최적주문주기 공식에서 D 대신 연간 평균수요 $\overline{D}$를 대입하여 다음과 같이 구한다.

$$T=\sqrt{\frac{2S}{\overline{D}H}} \qquad (2 \cdot 12)$$

식 (2・12)는 수요가 매우 불확실한 경우만 아니라면 주문주기 T의 최적값에 대한 근사치로 사용될 수 있다.

한편 조달기간 동안만 품절의 위험이 있는 고정주문량모형과는 달리 정기주문모형에서는 주문주기 T와 조달기간 L 전체에 걸쳐 품절의 위험이 발생하므로 목표재고수준 M은 $(T+L)$기간 동안의 특정 서비스수준에 의해 결정된다. 따라서 특정 서비스수준을 유지하기 위한 M의 값은 $(T+L)$기간 동안의 평균수요에 안전재고를 더한 값으로 표시된다. 즉,

$$M = \mu' + s' \qquad (2 \cdot 13)$$

여기서 M=목표재고수준
μ'=$(T+L)$기간 동안의 평균수요
s'=안전재고

안전재고는 요구되는 특정 서비스수준을 만족시키도록 다음과 같이 결정된다.

$$s' = z\sigma' \qquad (2 \cdot 14)$$

여기서 σ'=$(T+L)$기간 동안의 수요의 표준편차

z=요구되는 특정 서비스수준을 유지하기 위한 표준편차의 배수

따라서 식 (2 · 13)과 (2 · 14)에서

$$M = \mu' + z\sigma' \qquad (2 \cdot 15)$$

가 되고, 목표재고수준과 서비스수준은 z값에 의해 조정된다.

〈예제 2-5〉

<예제 2-4>에서 사용된 자료를 가지고 확률적 정기주문모형의 재고정책을 구해 보자. 먼저 식 (2 · 12)를 이용하면 T는 다음과 같이 계산된다.

$$T = \sqrt{\frac{2S}{DH}} = \sqrt{\frac{2(2{,}000)}{(50{,}000)(200)}} = \frac{1}{50}\text{년} = \frac{1}{50} \times 250\text{일} = 5\text{일}$$

목표재고수준 M은 식 (2 · 15)에서 다음과 같다.

$$M = \mu' + z\sigma'$$

여기서 μ'은 $T+L=5+5=9$일 동안의 평균수요이므로
$\mu' = 9(200) = 1,800$(단위)

가 되고, σ'은 $T+L=9$일 동안의 수요의 표준편차이고 1일 수요의 표준편차는 150단위이므로

$$\sigma' = \sqrt{9(150)^2} = 450(\text{단위})$$

가 된다. 그리고 서비스수준 95%에 해당하는 z값은 1.65이므로 목표재고수준 M은 다음과 같이 계산된다.

$$M = 1,800 + 1.65(450) \fallingdotseq 2,543(\text{단위})$$

그러므로 이 상품이 정기주문모형을 사용한다면 재고정책은 매 5일(영업일 기준)마다 재고수준을 검토하여 그 때의 재고수준과 목표재고수준 2,543단위와의 차이만큼을 주문하는 것이 된다. 그리고 이 경우 안전재고 s'는 다음과 같다.

$$s' = 1.65(45) \fallingdotseq 743(\text{단위})$$

여기서 한 가지 유의할 점은 동일한 자료를 사용했음에도 불구하고 <예제 2-4>의 고정주문량모형에서는 495단위였음에 비해 <예제 2-5>의 고정주문량모형에서는 안전재고가 743단위나 된다는 점이다. 사실상 동일한 자료를 사용하는 경우 정기주문모형은 고정주문량모형에 비해 언제나 더 많은 안전재고를 필요로 한다. 이는 고정주문량모형에서는 조달기간 L동안만 품절의 위험에 대비하면 되지만 정기주문모형에서는 $(T+L)$기간 전체에 대한 품

절의 위험에 대비해야 하기 때문이다.

2.7 단일기간 재고모형

단일기간 재고모형(single-period inventory model)이란 신문, 월간, 잡지, 크리스마스 트리(Christmas tree) 등과 같이 사용기간이 제한되어 있어서 어떤 특정 기간 내에 판매되지 않으면 가치가 없어지는 품목이나, 채소, 활어(活魚), 과일 등과 같이 시간이 지남에 따라 신선도가 떨어지거나 부패하는 상품들의 최적주문량을 결정하는 재고모형을 말한다. 단일기간 재고모형에서 주문은 그 기간 동안 단 1회만 일어나며, 따라서 한 번의 최적주문량을 어떻게 결정하느냐가 문제가 된다.

일반적으로 단일기간 상품들은 어떤 기간 내에 판매되지 못하면 손실을 발생시킨다. 예를 들어, 일간 신문은 그날 팔지 못하면 구입단가보다 싸게 고물상에 넘겨야 될 것이며, 일정 기간이 경과한 생선은 싸게 팔지 않으면 안 될 것이다. 단일기간 상품의 대표적인 예가 신문이기 때문에 단일기간 재고문제는 가끔 '신문판매원문제'로 불리기도 한다.

단일기간 재고모형에서 최적주문량은 한계분석(marginal analysis)을 통해 구할 수 있다. 한계분석에서는 다음 한 단위의 추가 보유가 유리한가 또는 불리한가를 분석하는 데 초점을 둔다. 따라서 한계분석에서는 다음 한 단위의 추가 보유가 불리하다고 판명되면 그 직전 단위까지의 주문량이 최저 주문량이 된다.

먼저 다음과 같이 기호를 정의한다.

MP = 한계이익(marginal profit), 즉 최종단위가 팔렸을 때 얻을 수 있는 이익
ML = 한계손실(marginal loss), 즉 최종단위가 팔리지 않았을 때 발생하는 손실

여기서 한계이익 MP와 한계손실 ML은 다음과 같이 계산된다.

$$MP = \text{한계수익-한계비용} \qquad (2 \cdot 16)$$
$$ML = \text{한계비용-잔존가치+처분비용}$$

수요가 확률적일 때 한계분석법에서 최적주문정책은 최종단위의 기대한계이익이 기대한계손실보다 크거나 같을 때까지 주문량을 늘리는 것이다. 이렇게 함으로써 총기대이익을 최대화시킬 수 있다. 즉,

$$P = \text{최종단위가 팔릴 확률}$$

로 정의하면 $(1-P)$는 그 최종단위가 팔리지 않을 확률이므로,

$$\text{기대한계이익} = P \cdot MP$$
$$\text{기대한계손실} = (1-P)ML$$

이 된다. 따라서,

$$P \cdot MP \geq (1-P)ML \qquad (2 \cdot 17)$$

을 만족시키는 최종단위까지 주문을 하면 된다.

위의 식 (2 · 17)을 P에 대해 풀어 보면 다음과 같다.

$$P \cdot MP \geq ML - P \cdot ML$$
$$P(MP + ML) \geq ML$$
$$\therefore P \geq \frac{ML}{MP + ML)} \qquad (2 \cdot 18)$$

이 식의 의미는 최종단위가 팔릴 확률이 $ML/(MP+ML)$보다 크거나 같은 이상 그 단위는 주문량에 포함되어야 한다는 것이다.

수요의 확률분포가 이산형(discrete type)인 경우와 연속형(continuous)인 경우에 대해 각각 단일기간 재고문제의 예제를 하나씩 들어보기로 한다.

〈예제 2-6〉

어느 대학생이 겨울방학 중의 아르바이트로 크리스마스 시즌에 팔기 위해 크리스마스 트리용 전나무를 주문하고자 한다. 이 전나무 한 단위의 구입원가는 5,000원, 판가는 10,000원이다. 그리고 시즌 중에 팔리지 않은 전나무는 땔감으로 단위당 1,000원씩 받고 시장 상인에게 넘긴다고 한다.

이 대학생은 지난 수년간 계속해서 크리스마스 트리용 전나무를 팔아왔으므로 과거의 자료로부터 다음과 같은 수요의 확률분포를 얻었다.

수요량(N)	확 률
15	0.1
16	0.1
17	0.2
18	0.3
19	0.2
20	0.1
합 계	1.0

이 수요자료에서 크리스마스 트리용 전나무는 최소한 15개는 팔리며, 21개 이상 팔릴 확률은 없음을 알 수 있다.

먼저 식 (2 · 16)을 이용하여 한계이익 MP와 한계손실 ML을 구해보면 다음과 같다.

$$MP = 10,000 - 5,000 = 5,000(\text{원})$$
$$ML = 5,000 - 1,000 + 0 = 4,000(\text{원})$$

따라서 최종단위가 팔릴 확률 P는 다음의 계산과 같이 0.44 이상이 되어야 한다.

$$P \geq \frac{ML}{MP + ML)} = \frac{4,000}{5,000 + 4,000} = 0.44$$

최종단위가 팔릴 확률은 수요의 확률분포에서 구해 보자. 예를 들어, 15번째 단위가 팔릴 확률은 수요가 15개 이상인 확률이므로 앞의 수요표에서 모든 확률을 더한 값 1.0이 된다. 그리고 16번째 단위가 팔릴 확률은 수요가 16개 이상일 확률과 같으므로 $0.1+0.2+0.3+0.2+0.1=0.9$가 된다. 동일한 논리를 적용하여 각 최종단위가 팔릴 확률을 구해 보면 다음과 같다.

수요량(N)	확 률	최종 N번째 단위가 팔릴 확률
15	0.1	1.0
16	0.1	0.9
17	0.2	0.8 ⇐ **0.44**
18	0.3	0.6
19	0.2	0.3
20	0.1	0.1
합 계	1.0	

최종단위가 팔릴 확률이 0.44보다 크거나 같을 때까지 주문해야 하므로 최적주문량은 18단위가 된다.

〈예제 2-7〉

어떤 단일기간 상품의 수요는 평균이 100단위이고 표준편차가 20단위인 정규분포를 한다고 한다. 이 상품의 단위당 판가는 2,000원이며, 단위당 구입원가는 1,300원이라고 한다. 그리고 그 기간 중에 팔리지 않으면 단위당 1,000원을 받고 다른 곳에 일괄적으로 판다고 한다. 이 상품을 얼마나 주문해야 할 것인가?

먼저 MP와 ML을 구해 보면 다음과 같다.

$$MP = 2,000 - 1,300 = 700(\text{원})$$
$$ML = 1,300 - 1,000 = 300(\text{원})$$

따라서 최종단위가 팔릴 확률 P는 다음의 계산과 같이 0.3 이상이어야 한다.

$$P \geq \frac{ML}{MP + ML} = \frac{300}{700 + 300} = 0.3$$

최종 단위가 팔릴 확률이 0.3보다 크거나 같을 때까지 주문해야 하므로 다음과 같이 최적주문량 Q^*의 값을 구할 수 있다.

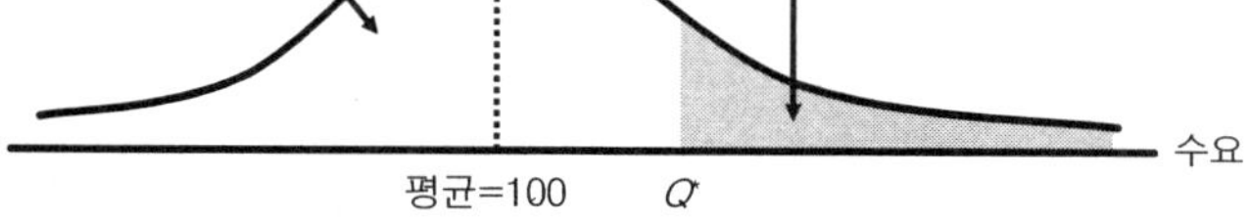

| 그림 2.14 | 수요의 정규분포

$$\frac{Q^* - 100}{20} = 0.524$$

$$Q^* = 100 + (0.524)(20)$$

$$= 110.5(\text{단위})$$

2.8 ABC 재고관리

18세기에 파레토(Vifredo Pareto)는 이태리 밀라노의 부(富)의 분포에 관한 연구에서 20%의 사람들이 전체 부의 80%를 차지함을 발견하였다. 이와 같이 소수가 전체의 대부분을 차지하고 많은 다수가 전체의 미미한 일부밖에 차지하는 못하는 현상을 파레토의 법칙(Pareto principle)이라 한다. 이러한 현상은 우리의 일상생활에서 흔히 볼 수 있다. 예컨대 우리가 내리는 의사결정 중 소수만이 우리의 미래를 결정하는 중요한 의사결정이며 대다수는 상대적으로 덜 중요하다거나, 기업에서 소수의 중요제품이 전체 매출액의 대부분을 차지하는 것 등이 이에 속한다.

파레토의 법칙은 재고관리에도 적용될 수 있다. 대부분의 기업에서는 재고품목의 수가 매우 많고, 따라서 모든 품목의 재고를 전부 엄격하게 통제한다는 것은 현실적으로 거의 불가능할 뿐만 아니라 바람직하지도 않다. 이러한 문제를 해결

하기 위하여 ABC 재고관리(ABC inventory management)에서는 재고품목을 연간 사용금액(=단가×연간 수요 또는 사용량)에 따라 A등급(연간 사용금액이 큰 품목), B등급(연간 사용금액이 중간 정도인 품목), C등급(연간 사용금액이 작은 품목)의 세 가지 유형으로 나누어 재고통제의 엄격도를 달리 한다. 즉, A품목에 대해서

는 아주 엄격한 재고통제를, B품목에 대해서는 중간 정도의 재고통제를, 그리고 C품목에 대해서는 느슨하게 재고통제를 한다는 것이다. 일반적으로 어느 기업에서나 몇 개의 중요한 품목이 재고투자의 대부분을 차지하고 다수의 품목은 금액의 측면에서 볼 때 미미하므로 ABC 재고분류법은 재고관리에 있어 중요 품목을 가려내는 데 상당히 유용하다.

〈표 2.4〉 재고품목별 연간 사용금액

품목번호	연간 사용금액(천원)	연간 총사용금액에 대한 백분율(%)	누적백분율(%)
#22	95,000	40.7	40.7
#68	75,000	32.1	72.8
#27	25,000	10.7	83.5
#03	15,000	6.4	89.9
#82	13,000	5.6	95.5
#54	7,500	3.2	98.7
#36	1,500	0.6	99.3
#19	800	0.4	99.7
#23	425	0.2	99.9
#41	225	0.1	100.0
합 계	233,450	100.0	

〈표 2.5〉 ABC 분류 결과

유 형	품목번호	연간 사용금액 (천원)	연간 총사용금액에 대한 백분율(%)	전체 품목수에 대한 백분율(%)
A	#22, #68	170,000	72.8	20
B	#27, #03, #82	53,000	22.7	30
C	#54, #36, #19 #23, #41	10,450	4.5	50
합 계		233,450	100.0	100

총 재고품목수에 대한 A, B, C 각 등급에 속하는 품목수의 비율은 기업에 따라 다르나, 재고품목을 연간 사용금액 순으로 나열했을 때 대략 전체 품목수의 상위 20% 정도가 A품목, 그 다음 30% 정도가 B품목, 나머지 50%가 C품목으로 분류된다. 물론 반드시 A, B, C 3등급으로만 나눌 필요는 없으며 등급의 수는 더 많게 또는 적게 할 수도 있고, 각 등급에 속하는 품목수의 비율도 상황에 따라 달라질 수 있다. 하지만 중요한 것은 두 극단간의 구분 즉 중요한 소수의 품목과 비교적 덜 중요한 다수의 품목간의 구분이다.

예를 들어, 어느 기업에서 각 재고품목의 연간 사용금액이 <표 2-4>와 같다고 하자. 여기에 ABC 분류법을 적용하면 대략 <표 2-5>와 같이 A, B, C의 3등급으로 각 품목을 분류해 볼 수 있다. 이 예에서 A품목은 전체 품목 수 10개의 20%인 2개밖에 안되지만 연간 사용금액으로는 72.8%를 차지하고 있으며, B품목은 품목수로는 30%(10개 중 3개), 연간 사용금액으로는 22.7%를 차지하고 있다. C품목은 품목수로는 50%(10개 중 5개)이나 연간 사용금액으로는 겨우 4.5%밖에 안 된다. 따라서 <표 2-5>는 전형적인 ABC 분류를 잘 보여 주고 있다. 이 결과를 ABC 재고분류도로 나타내 보면 [그림 2-15]와 같다.

분류가 끝나면 각 유형별로 재고통제방법을 생각해 보아야 한다. A품목에 대해서는 재고를 철저히 감시해야 한다. 따라서 A품목에 대해서는 재고수준을 계속적으로 검토하고, 안전재고를 줄이며, 기록의 정확성을 기할 수 있는 엄격한 재고통제시스템(예를 들면, Q시스템)이 사용되어야 한다. 반면에 C품목에 대해서는 느슨한 재고통제시스템이 사용된다. 즉, C품목에 대해서는 여러 품목을 함께 묶어 정기적으로 한 공급자에게 주문하는 정기주문시스템(P시스템)이 사용될 수 있으며 기록의 정확성도 덜 요구된다. 한편 B품목에 대해서는 (S, s)시스템과 같은 중간 정도의 엄격도를 가진 재고통제시스템이 사용된다.

재고와 관련된 비용을 줄이기 위해서는 시간과 노력을 연간 사용금액이 큰 품목에 집중시켜야 함은 당연한 일이다.

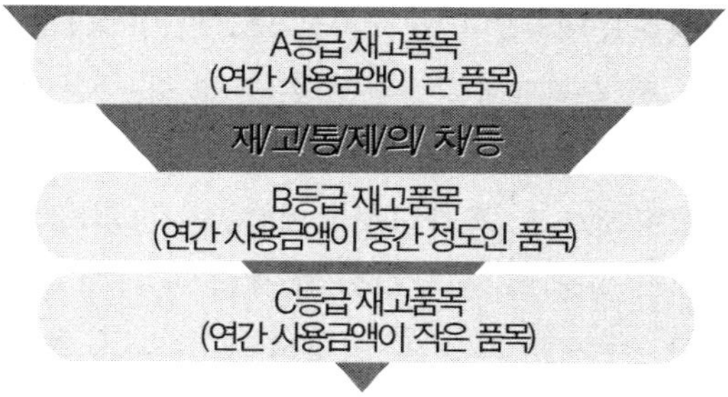

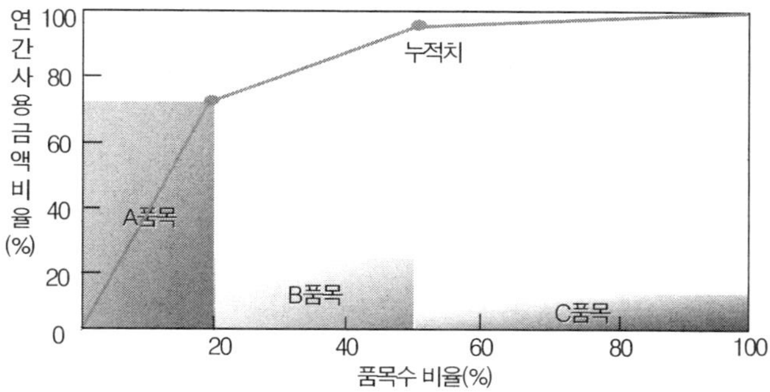

| 그림 2.15 | ABC 재고분류도

다만 경우에 따라서는 비록 연간 사용금액이 적더라도 어떤 품목의 확보가 전체 시스템의 운영에 크게 영향을 미칠 수 있는데, 이 경우에는 그 품목을 A유형에 넣거나 또는 ABC 분류와는 관계없이 그 품목에 집중적인 관심을 기울여야 한다.

〈요약정리〉

- 재고란 생산시스템이 생산을 위해 또는 고객의 수요를 충족시키기 위해 보유하고 있는 물품이나 자원을 말하며, 이에는 완제품, 재공품, 각종 원자재 등이 포함된다. 생산시스템에 있어서 재고분석의 기본 목적은 재고품목의 주문시기와 주문량을 결정하는데 있다. 따라서 재고관리에서는 재고수준을 감시하고, 적정 재고수준, 주문의 시기 및 주문량을 결정하는 정책 및 통제수단을 제공하여야 한다.
- 기업은 일반적으로 불확실성에 대처하기 위하여, 경제적 생산과 구매를 위하여 예상되는 수요나 공급의 변화에 대처하기 위하여, 그리고 운송을 위하여 재고를 보유한다.
- 재고관련 비용으로는 품목비용, 주문비용 또는 준비비용, 재고유지비용 및 재고부족비용이 있다. 재고모형에서는 이들 비용의 합이 최소가 되도록 최적주문량 또는 최적생산량을 결정한다.
- 재고품목은 독립수요품목과 종속수요품목으로 구분된다. 독립수요란 완제품, 예비부품 등에 대한 수요와 같이 다른 품목의 수요에 의존하지 않고 기업 외부의 시장조건에 의해 결정되는 수요를 말한다. 반면에 종속수요란 최종제품의 생산에 소요되는 각종 원자재, 부품, 구성품 등과 같이 모품목의 수요에 종속되어 있는 품목의 수요를 말한다.
- 재고관리모형은 수요와 조달기간이 확정적이냐 또는 확률적이냐에 따라 확정적 모형과 확률적 모형으로 구분되며, 또한 주문의 시기나 주문의 양을 결정하는 방식에 따라 고정주문량모형과 정기주문모형으로 구분된다.

- 고정주문량모형에서는 재고수준을 계속적으로 검토하여 재고수준이 재주문점에 도달할 때마다 일정한 양을 주문하며, 주문주기는 수요변화에 따라 달라진다. 반면에 정기주문모형에서는 일정한 주문주기마다 재고수준을 검토하여 그 때의 재고수준과 목표재고수준과의 차이만큼을 주문하며, 수요변화에 따라 주문시점의 재고수준이 달라지므로 주문량도 매번 달라진다.
- 경제적 주문량 모형(EOQ모형)은 재고모형 중 가장 기본적이고도 고전적인 모형으로서 수요와 각종 관련 비용의 변화에 민감하지 않고 매우 안정적인 특성을 가지고 있다. EOQ모형은 수량할인이 있는 경우, 주문량이 일시에 전량이 들어오지 않는 경우 등에도 쉽게 변형되어 사용될 수 있다.
- 확률적 재고모형에서는 재고부족(품절)을 방지하기 위해 필요한 수준의 안전재고를 유지해야 한다. 확률적 고정주문량 모형에서 1회 주문량의 값은 EOQ공식에 의해 근사적으로 결정되며, 재주문점은 주어진 특정서비스수준을 만족시킬 수 있도록 조달기간 동안의 평균수요에 안전재고를 더한 값이 된다. 한편 확률적 정기주문모형에서 주문주기는 EOQ모형의 최적주문주기 공식을 이용하여 근사적으로 결정되며, 목표재고수준은 주어진 특정 서비스수준을 만족시킬 수 있도록 주문주기와 조달기간 동안의 평균수요에 안전재고를 더한 값이 된다.
- 단일기간 재고모형이란 신문, 월간, 잡지, 크리스마스 트리 등과 같은 단일기간 상품의 최적주문량을 결정하는 재고모형이다. 이 모형에서는 한계분석을 이용하여 최적주문량을 구한다.

- ABC 재고관리는 중요한 소수와 중요하지 않은 다수의 개념에 근거하고 있다. ABC 재고관리에서는 재고품목을 연간 사용액에 따라 A등급, B등급, C등급의 세 가지 유형으로 구분한 다음, A품목에 대해서는 아주 엄격한 재고통제를, 그리고 B품목에 대해서는 중간 정도의 재고통제를, 그리고 C품목에 대해서는 느슨하게 재고통제를 한다.

03 JIT생산시스템

CHAPTER

>>>

3.1 JIT의 기본원리

JIT시스템이란 요구되는 바로 그 시점에서 제품을 생산함으로서 재고와 낭비를 최소화하고 동시에 현행수요를 가장 효과적으로 충족시키려는 시스템이라 할 수 있다. 필요한 경우에 대비하여(just in case) 미리 생산하는 것이 전통적 생산관리의 원리라 하면, 적시에(just in time) 생산하는 것이 JIT의 원리라 할 수 있다. 그리하여 JIT는 적시생산, 무재고생산(stockless production), 린생산(lean production), 동기화생산(synchronous manufacturing) 등으로 불리게 되었다.

JIT생산시스템(JIT Production System)은 70년대 중반에 일본의 도요다 자동차에서 개발되어 80년대에 한국, 미국을 거쳐 전세계로 확산되었다. JIT는 포드의 이동조립법이나 테일러의 과학적 관리법과 비견되는 생산관리의 일대혁신으로 오늘날 반복생산을 위한 가장 유망한 관리시스템으로 평가되고 있다. 많은 회사가 경영위기에 직면하면서 경쟁력 강화를 위하여 JIT로 전환하였다.

이 장에서는 JIT시스템의 기반이 되고 있는 독특한 경영사고와 JIT시스템이 가지는 고유의 특성을 살펴볼 것이다. 특히 도요다생산방식의 핵로 고찰할 것이다. 또한 JIT의 최근동향으로서, JITⅡ, 서비스업에서의 JIT의 활용 및 JIT의 전략적 의의를 논하고 JIT시스템의 도입에 따르는 여러 문제를 다룰 것이다.

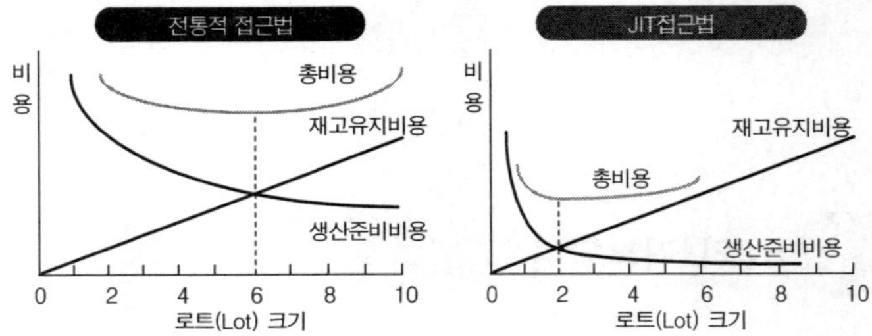

| 그림 3.1 | 전통적 접근법과JIT 접근법의 차이

첫째, JIT는 낭비제거를 위한 시스템이라 할 수 있다. 일본은 국토가 협소하고 부자원이 부족하여 사람들은 극도로 낭비를 싫어하는 습성이 몸에 배었다. 기업에서도 제품의 가치증대에 기여하지 않는 것은 모두가 낭비로 생각되었다. 재고는 자금을 사장시키고 장소를 차지하는 낭비로서 최소화되어야 하며, 불량은 자재와 가공비를 낭비하는 것이므로 처음부터 완전한 품질을 생산해야 한다는 것이다.

또한 JIT에서는 현시점의 수요를 신속, 정확하게 충족시키는 것을 중요시한다. 생산이 하나라도 많거나 적어서는 안되며 지연되어서도 안된다. 수요에 민감하게 반응하기 위하여 JIT에서는 풀시스템이 이용된다. 풀시스템이란 현행수요에 맞추어 생산을 진행시키는 것으로 제품은 정확히 필요할 때 생산된다. 이와 같은 적시생산에 의하여 재고는 최소화되고 고객수요는 신속하게 충족되는 것이다.

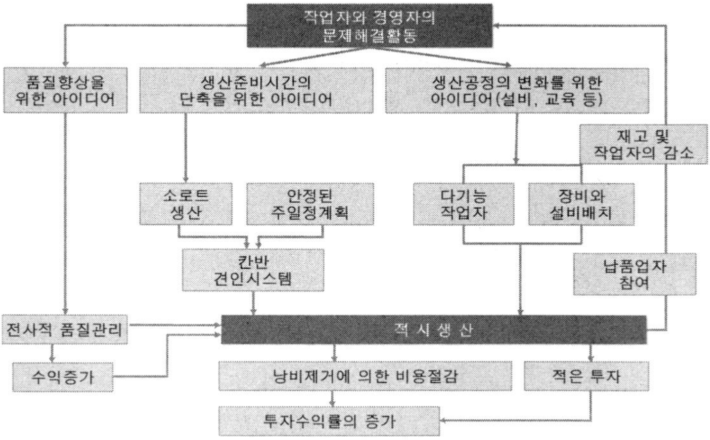

| 그림 3.2 | JIT시스템

또 JIT에서는 재고의 최소화를 중요한 목표로 삼고 있다. 재고 최소화의 수단으로는 풀시스템과 소로트생산이 이용된다. 소로트 생산은 사이클재고를 감축하는 효과적인 방법이다. 소로트생산을 하려면 작업준비시간이 단축되어야 하므로 이에 많은 노력이 경주된다. 소로트생산은 재고를 최소화할 뿐 아니라 생산과 부하를 평준화하고 수요에 대한 반응도(responsiveness)를 높여주는 다중적인 효과가 있다.

JIT의 또 다른 중요한 원리는 지속적인 개선(continuous improvement)이다. JIT시스템은 거의 여유재고 없이 운영되므로 문제점(품질불량, 정비불량, 자재공급지연)이 잘 노출된다. 노출된 문제점은 이를 근원적으로 해결하여 재발하지 않게 한다. 이와 같은 노력은 일상적으로 계속되어 시스템은 끊임없이 개선된다.

시스템의 지속적인 개선을 위해서는 종업원의 협력과 참여가 필요하다. 이를 위하여 권한부여, 품질관리분임조, 종업원제안제도와 같은 동기부여방법이 이용되고 또 종업원의 문제해결능력을 배양하기 위하여 교육훈련프로그램이 실시된다. 이와 같이 종업원의 참여(emplyee involvement)와 종업원능력의 활용을 중요시하는 것이 JIT의 또 다른 중요한 원리라 할 수 있다.

3.2 JIT시스템의 주요 특성

JIT는 새로운 혁신적인 시스템으로서 여러 가지 특성을 가지고 있다. 풀시스템, 소로트생산, 생산과 부하의 평준화, 공급업자와의 협력, 종업원의 다기능화, 지속적인 개선 등은 그 대표적인 것이라 할 수 있다. 그 외에 JIT는 기존시스템에서도 볼 수 있는 라인생산, TQC, 예방보전 등의 특성이 있다.

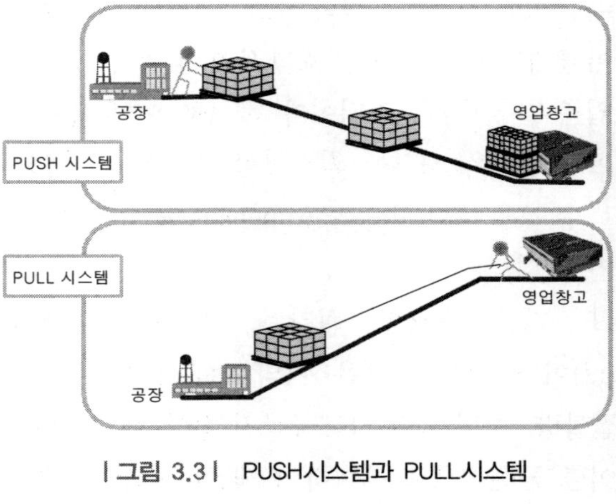

| 그림 3.3 | PUSH시스템과 PULL시스템

3.2.1 풀시스템

생산과정에서 생산의 진행을 계획하고 통제하는 방식, 즉 생산계획 및 통제의 방식은 푸시시스템(push system)과 풀시스템(pull system)의 두 가지를 구분할 수 있다. 푸시시스템은 전통적인 방식이며 풀시스템은 JIT에서 사용되는 독특한 방식이다.

(1) 푸시시스템

푸시시스템에서는 수요예측이나 주문을 근거로 하여 생산계획이 수립되고 이 계획에 따라 생산이 진행된다. 생산은 첫 공정(작업장)에서 시작되며 한 공정에서 가공된 부품은 다음 작업장(후속공정)으로 보내진다(push). 이 때 선행공정의 부품은 후속공정의 상태와는 관계없이 보내지므로 후속공정은 이를 즉각 처리하지 못하여 재공품이 많이 쌓일 수 있다.

(2) 풀시스템

풀시스템에서 각 공정은 후속공정의 요구가 있을 때 부품을 생산하여 공급한다. 즉, 후속공정이 끌어당겨(pull) 생산이 진행되는 것이다. Hall(1983)이 말한 대로 누군가가 물건이 필요하여 가지러 올 때 생산하는 것이다. 그리하여 선행공정에서 가공된 부품은 대기상태를 거치지 않고 곧바로 후속공정으로 이동되고 가공되므로 재공품재고가 많이 쌓이지 않는다.

풀시스템에서는 외부수요가 최종공정의 생산을 촉발하게 된다. 발생한 수요를 충족시키기 위하여 또는 수요에 의하여 감축된 제품재고를 보충하기 위하여 최종공정이 가동한다. 이 때 최종공정의 자재수요는 그 선행공정을 가동하게 하고 이와 같은 파급효과는 마침내 시초공정까지 가동하게 한다. 그러므로 JIT의 생산정보는 최종공정에서 시초공정으로 진행하는 역진형의 커뮤니케이션이라 할 수 있다.

그런데 JIT시스템에도 약간의 조정과 완충재고(buffer stock)는 필요하다. 선행공정이 후속공정의 요구가 있을 때 생산을 시작한다면 후속공정은 얼마간을 기다려야 할 것이다. 이와 같은 대기상태를 최소화하려면 후속공정은 생산리드타임 만큼 앞당겨 생산을 요구해야 한다. 또는 얼마간의 공정간 완충재고를 보유하는 방법이 있다. 이 때, 완충재고가 지정된 수준으로 줄어들면 선행공정은 자동적으로 생산을 재개하여 완충재고를 보충한다.

풀시스템은 생산과정이 반복적(repetitive)이며 생산의 흐름이 고정된 시스템에 적합하다. 이런 시스템은 생산계획이 안정되어 있어 현장의 생산통제란 선후 두 작업장 사이의 부품이동을 통제하는 것으로 귀착된다. 이와 같은 상황은 단순한 방법으로 충분히 다룰 수 있는데 JIT에서는 칸반시스템을 이용한다. 즉, 풀시스템을 구체적으로 실천하는 수단으로 칸반시스템이 사용되는 것이다. 한편 다품종소량생산과 같이 반복성이 낮은 생산활동은 MRP와 같은 푸시시스템을 사용하게 된다.

3.2.2 소로트생산과 작업준비시간의 단축

(1) 소로트생산

JIT시스템은 로트사이즈의 최소화를 중요한 목표로 한다. 가능하다면 1의 로트사이즈를 달성하는 것을 이상으로 한다. 소로트생산이나 소로트발주는 재고를 감소시키고 생산리드타임을 단축하며 생산공정의 유연성을 높여주는 효과가 있다.

우선, 소로트생산이나 발주는 재고를 감소시킨다. 사이클재고의 경우, 평균재고는 로트사이즈의 절반이 되므로 발주량을 작게 하면 사이클재고도 줄어든다. 둘째, 가공의 로트사이즈가 작으면 재공품의 대기시간이 줄어듦으로 생산의 리드타임이 단축된다. 셋째, 대형로트는 덩치가 커서 생산계획과정에서 그 일정이나 작업부하를 조절하기 어렵지만 소형로트는 다루기가 쉬워 작업장의 부하를 평준화하고 시설의 이용도를 높이는데 도움이 된다.

(2) 작업준비시간의 단축

소로트생산은 작업준비의 빈도가 많아지는 문제가 있다. 그러므로 소로트생산을 하려면 작업준비시간을 단축할 수 있어야 하며 이것은 JIT의 성패를 좌우하는 중요한 요인이 된다. 과거에 사람들은 기계의 가공시간(run time)에는 관심이 있었으나 작업준비시간은 문제로 삼지 않았다. 그러나 지금은 많은 회사가 싱글세트업(single setups), 원터치세트업(one-touch setups)을 목표로 하고 있다. 싱글세트업은 10분 미만, 원터치세트업은 1분 미만의 작업준비를 말한다.

작업준비시간을 단축하려면 작업자와 관리자의 협동적 노력이 필요하다. 이와 같은 노력은 상당한 효과를 얻을 수 있다. GM(General Motors)는 펀치프레스의 금형교체의 소요시간을 6시간에서 8분으로 단축한 예가 있다. 금형교체의 단축방법으로는 예비금형의 사용, 금형의 단순화, 금형운반의 개선(컨베이어, 크레인을 이용한 보관, 운반), 가공물 장착의 자동화 등을 생각할 수 있다.

기계의 작업준비는 가동 중에 할 수 있는 것과 기계가 멈춰야 할 수 있는 것의 두 가지가 있다. 전자를 외부준비(external setups), 후자를 내부준비(internal setups)라 한다. 작업준비로 인한 생산중단을 최소화하려면 내부준비를 가급적 외부준비로 전환시키고, 그렇게 할 수 없는 내부준비는 이를 단순화한다. 앞에서 열거된 금형교체의 방법들은 이 원칙의 구체적인 예시라 할 수 있다.

3.2.3 생산과 부하의 평준화

JIT시스템에서 생산계획(주일정계획, MPS)은 최대한 안정되고 평준화되게 작성된다. 도요다자동차의 월간생산계획을 보면, 한 달 동안 매일 동일한 품목들을 동일한 수량, 동일한 순서로 생산하는 것이다. 하루의 생산수량은 월 생산수량을 가동일수로 나누어 얻는다. 월생산수량이 적은 모델도 매일 조금씩 나누어 생산한다. 평준화된 생산계획은 부품소요와 작업장의 부하(load)를 평준화한다. 부하의 평준화는 JIT가 성공하기 위한 중요한 전제조건이다.

JIT식 생산계획은 부하를 평준화할 뿐 아니라 짧은 기간(일간, 주간)에도 생산내용(품목, 수량)이 수요와 일치된다. 생산이 수요와 일치하므로 재고가 최소화되고 또한 수요의 변화에 신속하게 반응할 수 있다.

- 도요다의 생산계획

이제 하나의 사례를 통하여 도요다의 생산계획방식을 알아보자. 월생산계획에 의하면 다음 달에는 18,000대의 미니밴이 생산되어야 한다. 미니밴은 A, B, C의 3종이 있는데 각각 8,000, 6,000, 4,000EORK 생산되어야 한다. 공장은 하루 2교대로 주 5일 가동하며 월가동일수는 20일이다.

이제 일일생산계획을 도출해야 한다. 월생산수량을 월가동일수로 나누면 모델 A, B, C의 1일 생산수량은 각각 400, 300, 200이 된다. 1일 2교대이므로 1교대당 생산수량은 200, 150, 100, 합계 450이 된다. 1교대는 480분이므로 조립라인에서는 480/450=1.067분마다 한 대가 완성되어야 한다. 이 때 일일생산계획의 로트사이즈와 조립순서는 어떻게 할 것인가? 여기서는 3가지 대안을 검토하기로 한다.

제1안은 큰 로트사이즈로 조립하는 것이다. 한 모델의 1교대당 소요대수를 몽땅(한 로트로) 생산한 후에 다른 모델로 전환하는 것이다. 이 경우, 생산은 다음과 같이 진행될 것이다.

모델 A 200대 조립 →
모델 B 150대 조립 →
모델 C 100대 조립

제2안은 로트사이즈를 작게 하여 혼합조립(mixed-model assembly)을 하는 것이다. 모델 A, B, C의 수요가 각각 200, 150, 100인데 이것은 4:3:2의 비율이므로 다음과 같은 순서로 조립한다.

|A-A-A-A-B-B-B-C-C-|A-A-A-A-B-B-B-C-C|…

즉, 4대의 A, 3대의 B, 2대의 C로 하나의 생산사이클을 형성한다. 한 사이클의 소요시간은 9(1,067)=9.60분이며 1교대에 50사이클이 반복된다. 이 때의 로트사이즈는 4, 3, 2가 되어 제1안의 200, 150, 100에 비하여 크게 감축된다.

제3안은 도요다방식이라 할 수 있는 것으로 제2안의 조립순서를 다음과 같이 변경하여 로트를 더욱 작게 쪼개는 것이다. 제3안은 로트사이즈를 최소화하면서 다른 대안과 동일한 생산수량을 달성할 수 있다.

|A-C-A-B-A-B-A-C-B|A-C-A-B-A-B-A-C-B|…

제3안은 조립라인의 부품소요를 안정시키며, 조립라인에 부품을 생산, 공급하는 부품작업장들의 부하를 평준화하고 소로트생산을 가능하게 한다. 그런데 제3안은 모델전환을 위한 준비시간이 짧아야 사용될 수 있다.

3.2.4 총체적 품질관리(TQC)

TQC(total quality control)는 JIT의 필수적인 구성요소이다. TQC란 사후적인 검사에 의존하지 않고 처음부터 완전품질을 생산하려는 품질관리의 체계라 할 수 있다. JIT에서 품질은 절대적으로 중요하다. 불량은 곧 제품의 폐기와 재가공을 의미하므로 큰 낭비이며 생산의 흐름을 끊거나 느리게 한다. 처음부터 양품만 생산한다면 생산의 리드타임이 단축되고 재고와 검사비용도 크게 감소될 것이다.

TQC의 한 중요한 요소는 원천적 품질관리(quality at the source)이다. 이것은 작업자가 직접 자신의 생산품을 검사하고 그 품질에 대하여 책임을 지는 것을 말한다. 이것으로 불량품이 후속공정에 넘겨져 계속 가공되거나 또는 후속공정의 생산이 중단되는 낭비를 막을 수 있다. 작업자가 품질책임을 효과적으로 수행하기 위해서는 충분한 품질교육과 통계적 품질관리기법의 사용이 필요하다.

JIT에서는 품질향상의 또 다른 수단으로 제품설계를 이용한다. 제품설계를 개선하여 제품의 변동성을 줄이고 제품의 생산편이성(producibility)을 높이는 것이다. 생산편이성이란 제품이 가공하기 쉽게 설계되어 있는 것을 말한다. 제품설계는 부품과 제품의 표준화, 구성부품수의 감축 등을 통하여 개선될 수 있다.

3.2.5 공급업자와의 협력

JIT는 그것의 사용자뿐만 아니라 공급자에게도 큰 변화를 가져온다. JIT시스템이 소로트생산과 재고최소화를 실현하기 위해서는 공급자의 협력이 필요하다. JIT회사의 대공급자관계(구매전략)의 특징은 소로트납품, 공급업자수의 감축, 인근공급업자의 이용 및 공급업자와의 관계개선 등으로 요약할 수 있다.

(1) 소로트납품

공급자의 자재는 소로트로 신속하고 빈번하게 납품되어야 한다. 하루의 소요량을 서너번에 나누어 공급하는 예가 흔히 있다. 공급자는 마치 JIT공장의 한 부분인양 칸반시스템의 적용을 받으며 자재를 공급한다. 즉, 생산현장에서 주어지는 운반칸반과 빈 용기를 인수하여 그 용량만큼의 수량을 생산하여 납품하는 것이다.

공급자의 자재는 무검사 또는 최소한의 검사를 거쳐 직접 생산현장으로 공급된다. 이것으로 생산의 리드타임이 단축되고 재고가 감축된다. 그런데 무검사통과가 실현되려면 공급자의 품질을 신뢰할 수 있는 관계가 미리 구축되어야 한다.

(2) 공급자수의 감축

JIT시스템에서 공급자관계를 새로 설정하려 할 때 제일 먼저 실행되는 것은 공급자의 감축이다. 이것은 공급자를 많이 확보할수록 유리하다는 종전의 사고를 완전히 뒤엎는 것이다. 일본, 미국의 대기업에서는 공급자의 수를 수천에서 수백으로 줄인 예를 쉽게 찾아볼 수 있다. 이것은 공급자에게 강한 압력으로 작용하여 품질개선, 가격인하, 납품개선의 효과를 발생하게 한다.

한편 JIT사용자는 선정된 공급자에 대해서는 상당한 반대급부를 제공한다. 장기의 공급계약을 체결하여 안정된 수요를 보장하고 발주계획도 미리 통고하여 이에 효율적으로 대처할 수 있게 한다. 또한 공급자의 공급자와도 협력하여 공급체인의 전과정에서 JIT식 생산과 재고통제가 실현될 수 있게 한다.

(3) 인근공급업자의 이용

JIT회사들은 대체로 지역 내 공급자(local suppliers)를 이용한다. 공급업체가 가까이 있으면 재고를 많이 보유할 필요가 없기 때문이다. 만일 부득이 원거리 공급자를 이용해야 한다면 그 공급시스템은 아주 정밀하고 신뢰성이 높은 것이어야 한다.

(4) 우호적인 협력관계

JIT회사는 공급자와의 협력과 유대를 중요시한다. 공급자는 회사와 공동의 이해관계를 가진 사업의 파트너로 생산된다. 이것은 공급자를 거래상의 적으로 간주하는 고전적인 사고방식과는 크게 다른 것이다. 공급체인의 전 과정에서 고능률과 재고최소화를 실현하려는 것이 JIT의 정신이라 할 수 있다.

회사와 공급자의 협력은 서로에게 이익이 되는 윈윈전략(win-win strategy)이라 할 수 있다. 예컨대 회사가 공급자에게 발주정보를 잘 제공하면 공급자는 생산을 효율적으로 수행하여 생산원가를 절감하고 그 결과로 공급가격을 인하할 수 있다. 또한 신제품을 설계할 때 자재의 공급자를 제품설계에 참여시킨다면 생산단계에서 잘못된 설계(예컨대 부적절한 자재의 사용)로 인하여 문제가 발생하는 것을 막을 수 있다.

3.2.6 라인생산

JIT에서는 생산의 흐름은 연속화하기 위하여 라인생산을 추진한다. 라인생산은 작업준비의 빈도를 줄이고 재공품재고를 최소화하며 공정의 자동화가 용이하다.

만일 특정품목의 수요가 충분히 크면 그 품목의 전용생산라인을 만들 수 있다. 만일 개개 품목의 수요는 크지 않으나 유사품목이 많으면 그룹테크놀로지(GT)를 적용하여 라인생산을 할 수 있다. 즉, 유사부품들을 모아서 부품군(product familiy)을 형성하고 부품군별로 전용의 셀(cell, 소규모 생산라인)을 설치하는 것이다. 각 셀은 유사부품만을 가공하므로 작업준비가 최소화된다.

전통적 배치에서는 공급자가 납품하는 자재는 일단 창고에 입고된 후에 필요한 작업장으로 출고된다. 또 공장 내의 재공품도 수시로 창고를 거쳐서 후속공정으로 출고되는 예가 많다. 이 때 자재의 흐름은 아주 복잡하고 비능률적임을 알 수 있다.

반면에 JIT식 시설배치에서는 공급자의 자재와 내부의 재공품은 해당하는 작업장으로 직접 공급되어 현장에 보관된다. 그러므로 별도의 창고가 필요 없고 그만큼 공간소요가 줄어든다. 또한 GT를 적용한 생산라인(셀)으로 인하여 자재의 흐름이 단순화되어 생산은 신속하고 연속적으로 진행될 수 있다.

(1) 생산자동화

JIT시스템에서는 라인생산을 추진하면서 동시에 생산고정의 자동화를 시도한다. JIT에서 자동화는 원가절감의 중요한 수단이다. 도요다의 창업자인 도요다 사기치는 "돈이 생기면 기계부터 구입하라"고 되뇌었다. JIT에 의하여 재고가 감축되는데 여기서 남는 돈을 자동화에 투자하면 원가가 더욱 절감되어 이윤과 시장점유율이 커진다는 것이다. 그러나 무조건적이며 과도한 자동화는 불리한 결과를 초래할 수 있으므로 경계하여야 한다.

(2) 부품과 작업방법의 표준화

JIT에서는 부품과 작업방법의 표준화를 적극 추진한다. 부품표준화에 의하여 부품의 공통화(part commonality)와 모듈화(modularity)가 촉진되어 생산의 반복성(repeatability)이 높아진다. 생산의 반복성은 라인생산의 효율을 더욱 높여주는 요인이다. 또한 부품표준화에 의하여 부품의 가짓수가 줄고 이에 따라 부품재고도 감소된다.

예를 들어 10가지의 제품을 생산하는데 1,000가지의 부품이 필요하다고 하자. 만일 부품의 표준화와 공통화에 의하여 부품의 가짓수를 100으로 줄일 수 있다면 각 부품의 평균소요량은 10배로 증가하고 생산의 반복성은 크게 높아진다. 즉, 작업자가 동일한 작업(작업방법)을 반복하는 빈도가 많아지고 그러다 보면 학습효과가 발생하여 생산능률이 향상되는 것이다.

3.2.7 예방보전(preventive maintenance)

JIT에서는 완충재고를 거의 사용하지 않으면서 생산의 흐름을 일정하게 유지해야 하므로 기계나 장비의 고장은 큰 타격을 준다. 그러므로 기계와 장비의 보전은 절대적인 요건이다. 일반적으로 작업반이 교대할 때마다 그 사이에 보전시간을 설정하여 예방보전을 실시하는 경우가 많다. 또한 JIT시스템에서는 작업자가 자신의 기계를 직접 정비하고 이를 언제나 양호한 상태로 유지하도록 노력한다. 작업자가 수행하는 보전은 청소, 주유, 간단한 조정 등 일상정비에 한정된다. 이와 같은 단순한 보전도 고장의 발생을 크게 줄일 수 있다.

3.2.8 종업원의 다기능화

JIT시스템은 유연성이 높은 노동력, 즉 다기능작업자를 필요로 한다. 다시 말하면 종업원은 자신의 정규직무 외에 다른 직무도 수행할 수 있어야 한다. 또 작업자는 기계의 사용뿐만 아니라 작업준비와 정비를 할 수 있어야 하며 생산된 부품을 검사할 수 있어야 한다. 즉, 작업자에게는 기계정비와 제품검사의 능력까지도 요구되는 것이다.

노동력의 유연성이 높으면 여러 가지 이익이 있다. 한 작업장에서 인력부족으로 애로현상(bottleneck)이 일어나면 다른 작업장의 인력을 투입할 수 있고 휴가나 신병으로 인한 결원도 쉽게 충원할 수 있다. 노동력이 유연하면 많은 완충재고 없이도 생산의 흐름을 안정시킬 수 있다. 노동력의 유연성을 높이기 위해서는 종업원의 다기능화교육(cross training)이 필요하다.

3.2.9 지속적인 개선(continuous improvement)

JIT시스템에서는 종업원과 관리자가 끊임없이 품질과 생산성의 향상을 위하여 노력한다. 지속적인 개선을 위해서는 우선 시스템의 문제점이 발견되어야 한다. 그런데 JIT는 무재고 또는 최소한의 재고로 운영되므로 문제가 발생하면 즉각 이것이 명확하게 드러나는 장점이 있다.

재고가 많으면 문제가 발생하더라도 재고의 완충작용에 의하여 그냥 넘어갈 수 있다. 그러나 문제는 미해결상태로 남아있어 언제든지 재발할 수 있고 시스템은 고비용, 저효율로 운영될 수 밖에 없다. 반면에 재고가 없으면 문제의 발생과 동시에 시스템은 정지되거나 기능이 저하되어 곧 문제점이 드러난다. 이렇게 되면 회사는 문제의 근본적인 해결을 시도하게 되고 그 결과로 시스템이 개선된다.

JIT에서 재고는 시스템의 문제점을 은폐하는 '모든 악의 근원'

으로 단죄되고 재고제거는 시스템의 지상과제가 된다. 그런데 이렇게 재고 없이 운영되는 JIT시스템은 오류와 사고에 취약하지 않을 수 없다. 그러나 이 민감성은 의도적인 것으로, 그것은 시스템이 사소한 문제점도 없이 완벽하게 운영되어야 하며, 만일 그렇지 못할 때는 이 사실을 즉시 노출시켜 문제를 근본적으로 해결해야 한다는 뜻이 담겨져 있는 것이다.

그러므로 지속적인 개선을 위해서는 주기적으로 시스템에 스트레스를 주어 문제점을 노출시켜야 한다. 일본의 자동차공장들은 가끔 의도적으로 안전재고를 줄여 문제점을 노출시킨다. 노출된 문제점은 적극적으로 해결하도록 노력한다. 이와 같은 개선노력이 성공하면 안전재고는 다시 하향조정될 수 있다.

발견된 문제점은 종업원과 관리자의 창조적인 문제해결활동(problem solving activities)을 통하여 해결된다. 이 때 앞에서 서술된 JIT의 여러 원칙이 문제해결의 방법으로 이용된다. 예컨대 생산능력의 불균형은 부하의 평준화나 노동력의 유연화에 의하여 해결된다. 불량률이 높으면 부품표준화나 품질교육을 고려할 수 있고 자재공급이 불안할 때는 공급자의 교체를 생각할 수 있다.

- 서비스의 개선

JIT의 개선전략은 일정계획, 주문접수, 회계, 재무관리 등 서비스업무에도 적용될 수 있다. 다만 제조활동의 경우와 비교할 때 문제점을 노출시키는 방법이 다를 수 있다. 서비스 시스템에서는 재고 대신에 인원을 줄일 수 있다. 즉, 서비스 업무에 배정된 인원수를 점차적으로 줄여나가면 어느 시점에서 시스템의 기능이 저하되거나 정지되고 그와 동시에 문제점이 드러나는 것이다.

3.3 칸반시스템(kanban system)

칸반시스템은 JIT의 핵심부분으로서 풀시스템을 구체적으로 실천하기 위한 수단으로 사용된다. 풀시스템에서는 후속공정의 생산요구를 선행공정에 전달하는 수단이 필요하다. 그 수단으로 복잡한 문서전달이나 전산처리 대신에 아주 간단한 칸반시스템이 사용되는 것이다. 칸반(Kanban)이란 '카드'나 '기록'을 의미하는 일본말인데 JIT에서는 부품의 생산과 운반을 지시하거나 승인하는 카드(증표)를 지칭한다. 칸반카드 없이는 부품이 가공되거나 운반될 수 없다. 칸반카드는 생산 및 운반지시서의 역할을 대신하므로 생산현장의 사무처리가 크게 간소화된다.

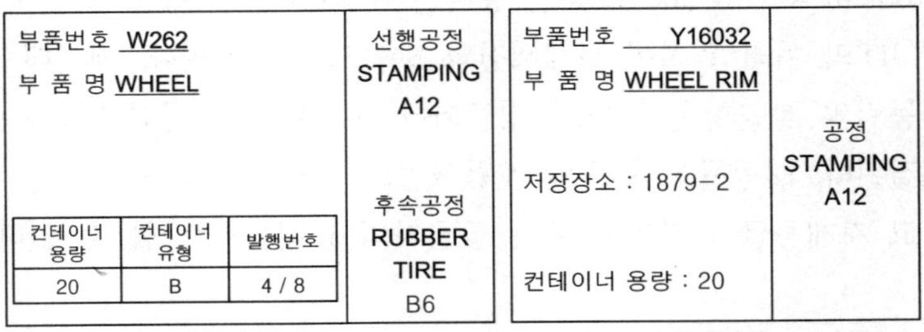

인출칸반 생산칸반

| 그림 3.4 | 칸반카드

칸반시스템은 칸반과 용기(container)를 이용한 물리적인 통제시스템이다. 부품조관 및 운반용으로 표준용기가 사용되고 용기마다 하나의 칸반이 부착된다. 칸반은 한 종류가 사용되는 경우와 두 종류가 사용되는 경우가 있다. 복수칸반의 경우, 하나는 생산칸반(Production Kanban, P-Kanban)이고 하나는 운반칸반(Conveyance Kanban, C-Kanban) 또는 인출칸반(Withdrawal Kanban)이다.

(1) 시각적 시스템

칸반시스템은 눈으로 보고 운용할 수 있는 편리한 시스템이다. 이런 의미에서 일종의 시각적 시스템(visible system)이라 할 수 있다. 작업자는 빈 용기(칸반카드)를 보고 생산하고, 용기가 차면 생산을 멈춘다. 그러다가 후속공정으로부터 빈 용기(칸반카드)가 공급되면 다시 작업을 개시한다. 생산이나 운반의 로트사이즈는 용기의 용량과 같게 하면 된다. 작업장 내에 빈 용기가 많아지면 생산이 달리고 있음을 알 수 있다.

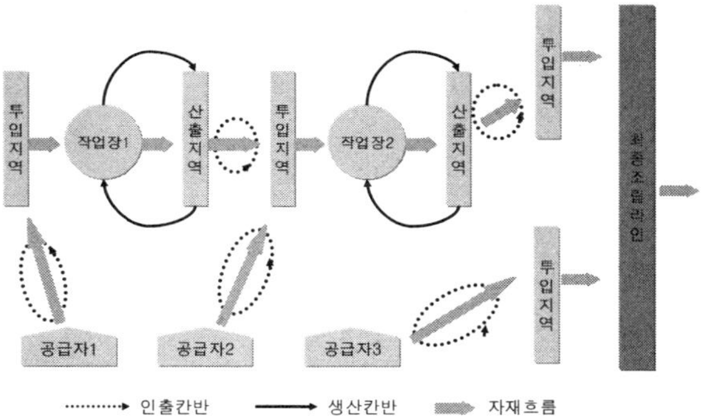

| 그림 3.5 | 완전한 칸반시스템

(3) 용기수의 결정

하나의 용기가 선후 두 공정을 한번 순회하는데는 일정한 시간(리드타임)이 소요된다. 용기의 순회란 예컨대 B작업장에서 출발한 빈 용기가 A작업장에서 부품을 담고 부품보관장을 거쳐 B작업장으로 돌아와 다시 빈 용기가 되어 B작업장을 떠날 때까지의 사이클을 말한다. 이 리드타임은 작업장에서의 대기시간과 생산시간, 부품보관장에서의 대기시간, 시스템 내의 이동시간의 합과 같다.

시스템이 필요로 하는 용기의 수는 리드타임기간의 후속공정의 평균수요와 필요한 안전재고를 더한 것을 용기의 용량으로 나눈 것과 같다. 즉

$$\text{필요한 용기의 수} = \frac{\text{리드타임기간의 평균수요} + \text{안전재고}}{\text{용기의 용량}}$$

$$\text{즉,} \qquad N = DT(1 + \frac{\alpha)}{C}$$

여기서

$N=$ 두 작업장간의 필요한 용기의 수

$D=$ 부품사용작업장(후속공정)의 부품수요(보통 시간당 소요

$T=$ 용기의 1회 순회시간(D와 동일한 시간단위를 사용)

$C=$ 평균수요에 대한 안전재고의 비율로서 시스템의 능률을 나ㅌ

방침변수(*policy variable*)라 할 수 있다. $\alpha = 0$은 최고의 능

의미한다. 도요다는 0.1 이하의 값을 사용한다.

(4) 칸반시스템의 재고통제

칸반시스템에서 선후 두 공정간의 최대재고수준은 모든 용기가 충만되어 있을 때의 수준과 같으므로

$$\text{최대재고수준} = \text{용기의 수} \times \text{용기의 용량} = NC$$

이 식에서 알 수 있는 바와 같이 용기의 수를 줄이면 재고를 줄일 수 있다. 그러므로 칸반시스템에서는 필요한 경우 칸반의 수를 조절하여 재고수준을 쉽게 통제할 수 있다. 만일 재공품재고가 누적되어 시스템이 너무 느슨하다고 생되면 현장감독은 칸반의 수를 줄여 시스템을 죌 수 있다. 반대로 시스템이 너무 빡빡하다고 느껴지면 칸반의 수를 늘여서 고삐를 늦출 수 있다.

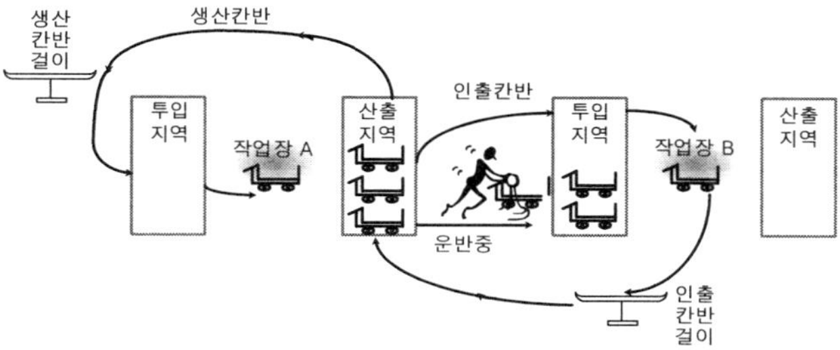

| 그림 3.6 | 칸반시스템의 운영

한편 용기의 용량 C도 통제목적에 사용될 수 있다. 칸반시스템에서 1회의 생산수량은 용기의 용량과 같게 하므로 C의 결정은 바로 로트사이즈의 결정이라 할 수 있다. JIT에서 용기는 부품별로 따로 있는데 가급적 용량을 작게 하여 로트사이즈를 최소화하려고 한다. 도요다의 경우, 용기용량은 해당부품의 하루 소요량의 약 10%를 초과하지 않는다.

현행의 시스템 운영에 지장을 주지 않으면서 용기의 수나 크기를 줄이려면 용기의 순회시간을 줄여야 한다. 용기의 순회시간은 기계의 작업준비시간과 가동시간, 대기시간, 운반시간 등으로 구성되는데 이를 줄이기 위해서는 생산공정과 자재운반을 합리화하고 개선할 필요가 있다.

3.4 JIT Ⅱ

JITⅡ란 공급업자를 대표하는 직원(현지직원)이 고객회사의 구매부에 상주하면서 구매업무를 대행하는 시스템을 말한다. 현지직원의 경비는 공급회사가 부담한다. 현지직원은 구매/발주업무 외에 공급업체의 생산계획을 조절하고 고객회사의 제품설계에 참여하기도 한다. 현지직원은 바이어와 세일즈맨의 역할을 대신하므로 고객회사와 공급회사간의 협조가 활성화되고 구매/공급업무의 능률이 향상된다. JITⅡ 프로그램에 참여하는 공급업자는 엄격한 자격요건에 의하여 선정된다.

JITⅡ 시스템은 고객과 공급자 쌍방에 이로운 제도라 할 수 있다. 고객회사는 구매 및 발주업무가 경감되고 개선되며, 구매비용이 절감된다. 한편 공급자에게는 세일즈업무의 경감, 수주업무의 개선, 거래의 증대, 공급계약의 장기화 등의 이점이 있다. JITⅡ는 고객과 공급자간의 신뢰를 바탕으로 하여 생산, 구매, 로지스틱스의 3요소를 통합적으로 또한 효율적으로 처리할 수 있는 조직구조를 제공하는 것으로 JIT시스템의 발전된 형태라 할 수 있다.

JITⅡ는 고급음향시스템의 생산업체인(Bose Corporation)이 개발한 것이다. Bose는 1987년데 JITⅡ를 시작하였는데 1993년에는 현지직원의 수가 12명으로 늘어나고 그 취급액은 구매예산의 25%를 차지하였다. JITⅡ는 미국 내 다른 기업에도 파급되었다. IBM과 Intel은 50개 이상의 JITⅡ 공급업체를 보유하고 있으며 AT&T, Westinghouse, Honeywell도 이 시스템을 이용하고 있다.

3.5 서비스업에서의 JIT

JIT는 재고감축의 한 기법으로 제조업에서만 사용되는 것으로 오해되는 경우가 많다. 그러나 앞에서 밝혀진 바와 같이 JIT는 재고감축 뿐만 아니라 낭비제거, 생산의 라인화, 신속한 작업전환, 공급자와의 협력, 수요에 대한 신속한 반응 등 많은 요소를 포함하는 폭넓은 관리시스템이다. 이와 같은 JIT의 다양한 개념과 방법들은 서비스업에서도 사용될 수 있다.

서비스업 중에서도 생산과정이 대량, 반복적이며 물품(식품, 우편물, 약품 등)을 사용하는 업종은 JIT적용의 이득이 크다. 즉, 제조업과 유사한 서비스업일수록 JIT도입의 효과가 큰 것이다. 한편 제조업의 JIT도입이 서비스의 JIT화를 촉진할 수 있다. 제조업이 JIT를 도입하면서 이들에게 자재를 수송하는 화물운송/배달서비스도 JIT화되어 가는 현상을 볼 수 있다. 다음 사례들은 JIT의 개념과 방법이 서비스업에서 어떻게 적용되는가를 보여준다.

① 풀시스템: 근래 건설업에서는 자재가 사용직전에 도착하도록 조치한다. 이것은 자체를 조기발주하여 건설현장에 오래 쌓아두는 폐습을 JIT식으로 시정한 것이다. 또 맥도널드와 같이 서비스과정에서 물품(식품)을 공급하는 서비스업은 풀시스템을 사용하여 재고를 최소화하면서 신선한 제품을 공급한다.

② 완전품질: 서비스업에서도 벤치마킹, 서비스설계, 품질기능전개 등의 기법을 사용하여 서비스품질을 향상시킬 수 있다.

③ 부하의 평준화: 병원, 호텔, 레저시설들은 예약제와 차별가격 등의 방법을 사용하여 서비스시설에 대해 부하(수요)를 평준화할 수 있다.

④ 공급자와의 협력: 간이식품점, 할인매장같은 대량서비스업은 공급자와의 협력을 통하여 JIT식 납품(소로트, 신속, 고품질 납품)을 실현할 수 있다.

⑤ 종업원의 유연성: 자동차수리업은 어떤 고장도 쉽게 다룰 수 있는 다재다능한 기술요원이 필요하다. 백화점 점원은 현금출납, 상품분류 및 보관, 상품전시, 세일즈 등 여러 가지 일을 할 수 있어야 한다. 개별화의 정도가 높은 서비스

일수록 종업원의 다기능화가 절실히 요구된다.

⑥ 자동화: 은행은 자동입출금기(ATM)를 설치하여 고객이 은행서비스를 하루 24시간 적시에 이용할 수 있게 한다.

⑦ 예방보전: 기계와 시설에 대한 의존도가 높은 서비스(항공사, 운수업, 종합병원)는 예방보전이 잘되어야 서비스를 신속, 원활하게 제공할 수 있다.

⑧ 생산의 라인화: 서비스업에서도 서비스과정과 시설배치를 라인화하여 서비스의 능률을 높이고 서비스시간을 단축할 수 있다. 카페테리아, 집단신체검사, 공항의 출입국절차 등은 서비스라인화의 좋은 대상이라 할 수 있다.

3.6 JIT의 이점과 전략적 의의

(1) JIT시스템의 이점

JIT시스템이 가지는 이점은 다음과 같이 요약할 수 있다.

① 자재, 재공품, 완제품의 재고가 크게 감축된다.

② 생산의 리드타임이 단축된다.

③ 제품품질이 향상된다.

④ 시설의 가동률이 향상된다.

⑤ 공간소요(space requirements)가 감소된다.

⑥ 생산계획과 통제업무가 단순화되고 문서취급이 감소된다.

⑦ 종업원의 참여와 협조가 촉진된다.

⑧ 생산성이 향상되고 생산원가가 감축된다.

이들 이점은 JIT시스템이 가지는 여러 특성에서 비롯하는 것이다. JIT의 고유한 특성인 칸반시스템, 소로트생산, 생산평준화는 재고와 리드타임 감축의 큰 요인이 된다. 한편 재고감축에 의하여 공간소요가 감소되고, 생산평준화와 라인생산에 의하여 시설의 가동률이 높아진다. 또한 TQC의 실행, 공급자와의 협력 등의 요인은 제품품질을 향상시키고 소로트생산은 불량의 발견을 용이하게 한다. 이들 요인의 종합적인 효과로서 생산성이 향상되고 생산원가가 절감된다.

JIT의 또 다른 이점은 시스템운영의 단순화이다. 이것은 주로 칸반시스템의 사용에서 오는 것이다. 칸반은 문서를 대신하여 시스템을 쉽게 운영할 수 있게 한다. 제품믹스, 생산수량, 재고수준은 칸반의 수를 조절하여 통제되고 작업의 우선순위를 칸반함 속의 칸반의 배열순서를 조절하여 통제할 수 있다.

또한 JIT시스템은 종업원의 자주적인 참여와 협조를 조장한다. JIT는 종업원능력의 활용을 중요시하며 종업원제안제도와 품질관리분임조 등 행동과학적 접근을 통하여 개선활동에의 적극적인 참여를 유도한다.

(2) JIT시스템의 전략적 의의

생산시스템은 경영전략과 연계되어야 한다. 회사의 경영전략이 고생산성, 시간기준경쟁(time-based competition), 재고회전율 향상에 중점을 두고 있다면 JIT의 도입을 고려할 만하다. JIT는 칸반시스템, 소로트생산, 라인생산을 통하여 이들 목적을 효과적으로 달성할 수 있는 것이다.

JIT시스템에서 많이 강조되는 경쟁우선순위(competitive priorities)는 저원가, 균일품질 등이며 제품다양성은 상대적으로 덜 강조된다. 주문생산은 수요가 불규칙하여 생산의 안정을 요구하는 JIT하고는 잘 맞지 않는다. 그리하여 JIT시스템에서는 특수품보다 표준품을 주로 생산하게 된다. 그러나 JIT시스템도 시스템구조를 잘 조절하면 제품을 다양화할 수 있다. 자동차생산의 경우 주문조립방식과 혼합모델조립라인을 이용하면 고객에게 여러 가지 옵션을 제공할 수 있는 것이다.

3.7 JIT와 MRP의 비교

JIT와 MRP는 전통적인 생산 및 재고관리시스템의 변혁을 시도한 새로운 시스템이다. 여기서는 두 시스템을 생산환경과 관련지어 비교해 본다.

(1) MRP와 JIT의 장점

MRP는 계획기능과 데이터처리능력이 우수하다. MRP는 생산/발주계획을 합리적으로 작성하고 관련데이터를 효과적으로 관리하여 시스템의 정보소요를 신속하게 지원할 수 있다. 또한 MRP는 그 정보능력을 이용하여 생산계획의 변경이 재고수준이나 생산능력에 미치는 영향을 사전에 점검할 수 있다.

한편 JIT시스템은 낭비제거와 생산성 향상에 초점을 맞춘 시스템이라 할 수 있다. 풀시스템, 재고감축, 지속적 개선 등의 방법을 사용하여 낭비를 제거하고 생산성을 향상시킨다. 또한 칸반시스템이라는 단순한 방법으로 현장의 생산활동을 효율적으로 통제할 수 있는 것이 큰 장점이다.

(2) 시스템의 선택

관리시스템의 선택은 생산공정의 성격에 의하여 크게 영향을 받는다. 생산활동이 비교적 안정되어 있는 반복생산에는 JIT시스템이 적합하다. 반복생산이란 대체로 표준화된 제품을 대량으로 또는 반복적으로 생산하는 것으로 자동차, 전자, 모터사이클, 가정기구 등의 제조업을 그 예로 들 수 있다. 반면에 비반복적 생산(주문생산, 다품종소량생산)은 MRP가 적절한 선택이다. 비반복적 시스템은 수요가 변동적이며 자재의 흐름이 복잡하므로 계획능력과 현황추적능력이 우수한 MRP가 유리한 것이다.

〈표 3.1〉 JIT시스템과 MRP 시스템의 비교

	JIT시스템	MRP시스템
재고	부채	자산
로트크기	당장의 필요량만 충족	생산준비비용 재고유지비용이 균형이 되도록 로트크기를 결정
생산준비	될 수 있는대로 줄임	낮은 우선순위
대기물	제거함	필요한 투자임
납품업자	협력관계	적대관계
품질	무결점	약간의 폐기물 허용
설비정비	계속적 · 효과적으로 함	필요할 때만 함
조달기간	짧게 유지함	길수록 좋음
작업자	합의에 의한 경영	명령에 의한 경영

MRP와 JIT는 서로 배타적인 것은 아니다. 때로는 각각의 장점을 접목시킨 혼합시스템이 최선의 선택일 수 있다.[7] 예컨대 MRP에 의하여 종합적인 생산/발주계획을 수립하고 JIT에 의하여 현장의 생산활동을 통제하는 것이다. 보통 MRP의 생산계획은 주단위

7) Karmarkar, 1981

로 작성되고 일단위의 생산계획은 현장감독에게 맡겨지는데 현장 수준에서는 칸반시스템이 효과적인 것이다. 혼합시스템은 생산활동의 전체적인 틀을 합리적으로 설정하면서 재고의 발생을 억제하는 효과가 있다. 혼합시스템은 싱크로 MRP(synchro-MRP) 또는 JIT-MRP로 불리어진다.

3.8 JIT의 도입과 실시

JIT의 도입은 시스템의 일대변혁을 의미하므로 신중한 결정이 필요하다. 성공적인 JIT시스템으로의 전환을 위해서는 다음과 같은 사항에 유의해야 할 것이다.

① 최고경영자의 적극적인 의지와 참여가 있어야 한다. 최고경영자가 JIT를 완전히 이해하고 도입과정에서 강력한 리더십을 발휘해야 한다.

② 종업원의 적극적인 지지와 협력을 얻어야 한다. JIT의 필요성을 이해시키고 고용의 안정을 보장하여 협조분위기를 조성한다. 또한 종업원의 다기능화와 문제해결능력을 증진시키기 위한 교육을 실시하여야 한다.

③ 최종공정부터 시작하여 시초공정으로 역행하면서 JIT의 제요소를 점진적으로 도입한다. 처음에는 작업준비시간을 단축하고 점차 로트사이즈를 감축한다. 문제점을 하나씩 제거하면서 재고를 조금씩 줄여나간다.

④ 선후공정의 생산능력을 균형화한다. 부품생산능력과 최종조립능력이 일치하고 공정간의 불균형이 없도록 개별 공정의 생산능력을 조절한다.

⑤ 끝으로 공급자에게도 JIT를 적용한다. 공급자의 수를 줄이고 소로트납품을 요구하고 그들과 장기적이며 우호적인 협력체제를 구축한다.

(1) 장기적인 안목과 투자

JIT의 도입은 인내심을 가지고 추진되어야 한다. 도요다의 JIT 시스템이 완성되기까지는 20년 이상의 시간이 소요되었다. JIT로의 전환은 시스템구조, 종업원태도, 경영이념의 대변혁을 요구하므로 많은 시간을 요하며 효과도 서서히 나타난다. 전환과정에서 때로는 잠정적으로 생산성이 저하될 수 있다.

JIT의 효과를 얻으려면 많은 노력과 투자가 필요하다. 우선, 작업준비시간의 단축을 위해서는 적지 않은 기술개발과 시설개체의 투자가 요구된다. 또한 생산의 평준화를 위하여 때로는 제품라인을 정리하거나 축소하여야 하며, 종업원의 다기능화를 위하여 고가의 교육훈련 프로그램이 마련되어야 한다. 이와 같은 노력과 투자는 회사가 기존의 고재고와 저민감도라는 대가 대신에 치러야 하는 JIT의 새로운 대가라 할 수 있다.

(2) 회사실정에 맞는 접근법

JIT로의 전환을 위해서는 일련의 개선활동이 연계되어 추진되어야 한다. 예컨대 재고와 로트사이즈의 감축을 위해서는 작업준비시간이 단축되고 품질불량, 기계고장 등 생산을 지연시키는 장애요인이 제거되어야 한다. 그러나 이것은 JIT의 모든 요소를 획일적으로 도입해야함을 의미하는 것은 아니다. 개개 회사의 실정에 맞게 필요한 부분을 필요한 순서로 도입하면 된다.

문제점 발견을 위하여 재고수준을 의도적으로 낮출 때, 회사마다 노출되는 문제의 성격과 우선순위는 다를 수 있다. 그러므로 개선대상을 일률적으로 결정하는 것보다 개개회사의 입장에서 가장 긴급하고 중요한 문제부터 선택적으로 해결한다는 개별적인 접근이 필요하다. 어떤 회사는 종업원의 다기능화가 가장 시급한데 다른 회사에서는 품질개선이 가장 우선순위가 높은 과제일 수 있다.

(3) 신축적인 운영

JIT시스템은 언제나 최소의 재고로 운영되어야 하는 것은 아니다. 수요가 안정되고 충분한 생산능력이 있을 때는 별 문제가 없으나 그렇지 않을 때는 잠정적으로나마 재고를 늘여서 품절위험에 대비하여야 h한다. JIT도입사례를 보면 수요패턴이 극히 불규칙적일 때(의류, 완구 등) 실패한 예가 많다. JIT시스템도 수요가 변동적이면 더 많은 안전재고가 필요한 것이다. 또한 수요의 계절적 변동이 심할 때는 성수기의 수요에 대비하여 비수기에 JIT식생산을 잠정적으로 포기하고 재고를 미리 비축할 수 있다.

〈요약정리〉

- JIT시스템은 낭비의 제거와 작업자 능력의 최대한 이용이라는 철학에 근거하고 있다. 이 시스템은 일본에서 처음 개발되었지만, 지금은 미국을 비롯한 전세계에서 사용되고 있다.
- JIT의 목적은 투자수익률의 향상에 있다. JIT에서 투자수익률의 증대는(품질, 납품 및 유연성의 향상을 통한) 수익의 증대, 비용절감 및 소요투자액의 감축에 의해 달성된다.
- JIT를 사용하기 위해서는 주일정계획이 안정되어야 하고 평준화되어야 한다. 이를 위해서는 주일정계획의 대상기간 동안 생산량이 매일 일정해야 하고, 여러 제품모델이 소요생산량의 비율에 따라 혼류생산되어야 한다. 이와 같이 주일정계획이 수립되면 모든 하위 작업장과 공급자에 대한 수요가 일정하게 된다.
- 칸반시스템은 주일정계획(최종조립계획)을 충족시킬 수 있도록 부품을 연속적으로 끌어오는 데 사용된다. 필요한 각 부품마다 고정된 수의 컨테이너가 사용된다. 모든 컨테이너가 채워지면 부품은 더 이상 생산되지 않으므로 각 부품의 재고수준은 제한된다. JIT에서는 작업자와 관리자의 지속적인 개선활동을 통해 컨테이너의 수와 컨테이너의 크기를 줄임으로써 재고를 줄인다.
- JIT시스템에서 준비시간, 로트 크기 및 리드타임의 감축은 재고를 줄이는 열쇠이다. JIT의 목표는 로트 크기를 1단위로 하는 것이다. 이는 품질분임조와 같은 소그룹 개선활동 및 경영자와 작업자의 상호 협력적인 노력을 통해 달성된다.
- JIT에서는 창고를 제거하여 공장의 면적을 줄이고 그룹 테크놀로지 배치를 지향한다. 또한 JIT에서는 재고수준이 최소화되

어 있으므로 설비는 언제나 최상으로 정비되어 있어야 한다.

- JIT는 여러 기계를 운전할 수 있고, 생산준비, 기계정비 및 품질검사를 할 수 있는 다기능작업자를 요구한다. 이와 같은 노동력의 유연성을 위해서는 작업자의 선발, 훈련, 평가 및 보상이 달라져야 한다.
- JIT에서는 공급자와의 관계가 새롭게 정립되어야 한다. JIT에서 공급자는 신뢰할 수 있는 품질의 부품을 적시에 자주 배달해야 한다. JIT에서는 보통 특정 부품에 대해 한 공급자와 장기계약을 맺어 품질향상과 공급가격의 안정을 도모한다.
- JIT시스템의 실행을 위해서는 여러 활동이 단계적으로 이루어져야 한다. 최고경영층은 리더십과 적극적인 지원을 제공해야 한다. 최종조립계획은 평준화되어야 하며, 이에 따라 공장 내 모든 하위 작업장과 공급자의 생산계획도 평준화되어야 한다. 생산의 모든 단계에서 준비시간과 로트 크기를 줄여야 한다. 그리고 모든 작업자와 관리자를 JIT시스템에 알맞도록 철저하게 교육시켜야 한다.
- JIT시스템은 순수 반복생산에 가장 적합하다. MRP는 개별주문생산에 적합하고, 반반복적(半反復的)인 배치생산에는 MRP와 JIT의 혼합시스템이 가장 좋다.

04 생산관리의 새로운 동향

CHAPTER

4.1 ISO 9000과 생산관리

4.1.1 ISO

ISO(국제표준화기구)는 규격이 아니라 그것을 제정하는 기관을 말한다. 지금까지 이 ISO에 의해 갖가지 규격이 제정 · 발표되어 왔다. 분야 또한 넓어서 기계 · 자동차 · 화학 · 철강 · 정보처리 등 여러 분야에 이르고 있다. 특히 최근에는 품질관리인 ISO 9000과 환경경영인 ISO 14000 규격에 많은 힘을 쏟고 있다.

이 때문에 종래의 생산관리와는 여러 가지 면에서 공통적이면서도 보완적인 내용들이 많이 생겨나고 있다.

인간사회에서 요구되는 모든 재화와 서비스는 생산활동에 의하여 공급된다. 생산은 인간의 여러 활동 중에서도 가장 기본이 되는 활동이라 할 수 있다. 한 나라의 경제력은 생산활동의 수준에 의하여 결정되며 물질문명과 문화의 발전은 사회적 생산력의 기반이 없이는 이루어질 수 없다.

생산기능은 모든 형태의 조직에 공통적으로 필요한 것으로 생산기능을 보유하지 않는 조직이란 존재할 수 없다. 영리조직인 기업에는 물론이고 비영리조직인 행정기관, 종교단체, 교육기관, 사설단체 등에도 생산기능은 엄연히 존재한다. 다만 생산의 결과가 유형재인가 무형재(서비스)인가의 차이가 있고 또 조직에 따라 생산기능의 명칭이 다를 수 있다.

생산관리란 생산시스템을 효율적으로 관리하기 위한 원리와 방법을 연구하는 실천적 성격의 학문이다. 기업과 조직의 관리자는 생산관리를 연구하고 실천함으로서 개별 기업과 조직의 생산성을 향상시키며 동시에 사회적 생산력의 발전에 기여할 수 있다.

기업환경의 변화에 따라 생산관리분야에도 끊임없는 변화와 새로운 경향이 나타나고 있다. 이 장에서는 생산관리분야에서 볼 수 있는 최근의 중요한 동향을 살펴보기로 한다.

(1) ISO 9000의 도입효과

우리나라의 기업경영은 한마디로 상향식 형이라고 할 수 있다. 그러나 ISO 9000의 접근방법은 기본적으로 하향식 형이다. 따라서 도입에 따른 기대효과도 단순히 현장의 개선에 그치는 것이 아니라 경영활동 전체에 미칠 것으로 기대된다. 이 점에서 ISO 9000의 효과는 최고경영자를 포함하여 다음과 같은 요구에 잘 맞아 떨어진다.

해외에서의 사업전개의 유리
유럽기업과 거래하는 경우 ISO 9000 인증취득이 기본조건이 되는 경우가 많아졌다. 더욱이 공공사업이 입찰에 참가하는 경우는 국내외를 불문하고 인증취득이 조건으로 되고 있다.
사내품질관리 수준의 향상
많은 기업들이 품질관리를 중점적으로 실시하고 있으나, 조직체제나 시스템적인 관점에서 보면 아직 많은 문제점을 안고 있다. ISO 9000을 도입하게 되면 이러한 문제점을 보완할 수 있을 뿐만 아니라 국제적으로도 통용되는 관리체제를 구축할 수 있다.

기업 이미지의 향상

ISO 9000 인증을 취득하게 되면 그 기업의 품질관리체제가 일정수준 이상이라는 것을 입증할 수 있다. 따라서 기업의 생산수준을 객관적으로 인정받을 뿐만 아니라 사회적인 평가도 향상된다.

(2) ISO 9000의 구성

ISO 9000의 구성은 <표 4-1>과 같이 대략 다섯 가지로 나뉘며 각각의 범위는 그림에 표시된 바와 같다. 그리고 2000년 들어 ISO 9001/9002/9003은 모두 ISO 9001로 통합되었으며, ISO 9000은 2003년 12월 31일로 효력을 잃고 지금은 ISO 9001이 이용되고 있다.

따라서 여기에서는 9001의 내용을 좀 더 자세히 살펴보도록 하겠다. 9001의 핵심이 되는 품질 매뉴얼의 대항목은 다음 페이지의 [그림 4-1]과 같다. 그리고 상세항목이 붙어 있는데 몇 가지 사례를 들어보면 다음과 같다.

이러한 상세항목에는 기업의 특성에 따른 정의나 주석이 기입되어 있다. 더욱이 항목자체에는 이를 뒷받침할 수 있는 관계문서나 기록이 필요한데, 여기서 관계문서란 매뉴얼을 말하며 구체적으로는 조직규정, 업무분장규정, 설계관리규정, 수입검사규정, 품질관리 규정, 제조 · 관리규정, 월별생산계획, 작업지시서, 작업표준서, 설비관리규정, 품질 공정표 등 매우 다양하다.

품질시스템
목적, 책임, 품질시스템의 구성, 품질시스템의 순서, 품질시스템의 문서화, 품질시스템의 실행, 품질계획
구매 · 외주
목적, 책임, 하청업자의 평가, 구입데이터, 구매품 검증

〈표 4.1〉 ISO 9000의 대략적인 흐름

규격		ISO 9000	ISO 9001	ISO 9002	ISO 9003	ISO 9004
내용		각 규격의 개요와 선택의 지침	설계, 개발 제조, 불량 부대 서비스의 품질보증 모델	제조, 불량 부대서비스의 품질보증 모델	최종 검사, 시험의 품질 보증 모델	품질관리 및 품질보증 시스템의 안내
범위	설계	△	○			△
	개발	△	○			△
	제조	△	○	○		△
	불량	△	○	○		△
	불량 서비스	△	○	○		△
	검사	△			○	△

- 경영자의 책임
- 품질시스템
- 계약내용의 검토
- 설계관리
- 문서 및 데이터 관리
- 구매
- 고객 지급품의 관리
- 제품의 식별 및 추적성
- 공정관리
- 검사 및 시험
- 검사, 측정 및 시험 장비의 관리
- 검사 및 시험상태
- 부적합품의 관리
- 시정 및 예방조치
- 취급, 보관, 포장, 보존 및 인도
- 품질기록의 관리
- 내부 품질감사
- 훈련
- 서비스
- 통계적 기법

| 그림 4.1 | ISO 9001의 주요 요구항목

(3) ISO 9000의 심사내용

이러한 문서는 단순한 장식용이 아니라 일상 실무에 적용되어야 한다. 이 때문에 앞에서 기술한 심사요구항목과 유기적으로 연관되는 시스템이 구축되어 있는지 여부가 주된 심사내용이 된다.

예를 들어 대항목의 하나인 구매 · 외주의 상세항목으로 하청업자의 평가라는 항목이 있는데 이와 관련된 문서로는 다음과 같은 것이 있다.

- 구매 · 외주 관리규정
- 거래처 평가기준표
- 거래처 조사표
- 거래처 리스트

이와 같이 상세항목의 하나하나에 대해서 그것을 뒷받침할 수 있는 시스템이 존재하는지 여부에 대해 심사가 이루어지며 규정이나 매뉴얼의 체크는 그것을 검증하기 위해 행해진다.

따라서 심사를 하는 경우 기업 전체적으로 방대한 문서가 요구된다. 이 때문에 ISO가 비판의 대상이 되는 경우도 있다. 그러나 생각해 보면 ISO가 요구하는 것은 제조공장으로서 그 정도는 감수하지 않으면 안된다. 다시 말해 당연히 그렇게 해야 할 것을 요구하는 것이다.

사실 우수한 공장의 경우 이 정도의 업무는 이전부터 실천해 왔었다. 따라서 ISO의 심사를 받는다고 해도 종래부터 하고 있던 것 가운데 미비한 곳을 보완하는 정도에 불과하다. 글로벌화에 대응하여 생산의 혁신을 꾀하려면 ISO의 도입을 자사시스템을 재점검할 수 있는 기회로 생각하고 적극적으로 도전해야 한다.

(4) 심사기관과 심사스케줄

ISO 9000의 심사는 협회에서 인정한 등록기관에 의해 이루어진다. 또한 기업이 심사를 받기 위해서는 다음과 같은 절차를 밟아야 한다.

- 1단계 : 서류심사
- 2단계 : 예비심사
- 3단계 : 실시검사
- 4단계 : 사후검사

각각의 단계에서 요구하는 일정은 다음 그림과 같다.

1월	2월	3월	4월	5월	6월	7월	8월	9월	10월	11월
서류심사	예비심사			실시검사						사후심사
	2일			2일						연 2회

| 그림 4.2 | A사의 심사스케줄

4.2 ISO 14000과 생산관리

4.2.1 ISO 14000

(1) ISO 14000의 배경

974년 국제상공회의소는 '전세계 산업계를 위한 환경지침'을 발표하여 기업이 시행해야 할 최선의 환경보전 · 부하경감 대책은 각 기업의 자주적인 규제와 기준 설정 및 프로그램 하에 실시되어야 한다는 것을 역설하였다. 그러나 환경보호를 위한 국제적 공동대응의 필요성은 1990년대에 들어와서야 본격화되기 시작하였다. 1991년 유엔환경개발회의는 ISO(국제표준화기구)와 IEC(국제전기표준회의)에 환경관리에 관한 국제표준의 제정을 요청하였으며, 1992년 리우지구정상회의에서 제창된 '환경적으로 건전하고 지속가능한 개발'을 달성하기 위해 실천적 방법론의 하나로 실시되고 있는 환경경영이 기업경영의 새로운 화두로 등장하였다.

이에 1993년 ISO와 IEC는 ISO/TC207(환경경영위원회)을 설립하였으며, 1996년 9월 ISO 14001 국제규격이 제정되어 각국에서 ISO 14000 인증제도를 실시를 시작하게 되었다.

(2) ISO 14000의 개요

ISO 14000 시리즈는 조직을 평가하는 영역과 제품 및 공정을 평가 분석하는 영역으로 대별된다. 즉, 환경경영시스템, 환경심사 그리고 환경성과평가 등은 조직의 환경경영에 대한 평가를 위한 표준이며 환경레이블링, 전과정평가와 제품규격에 관한 환경측면 등은 생산제품과 생산공정의 환경성에 관한 평가표준이라 할 수 있다.

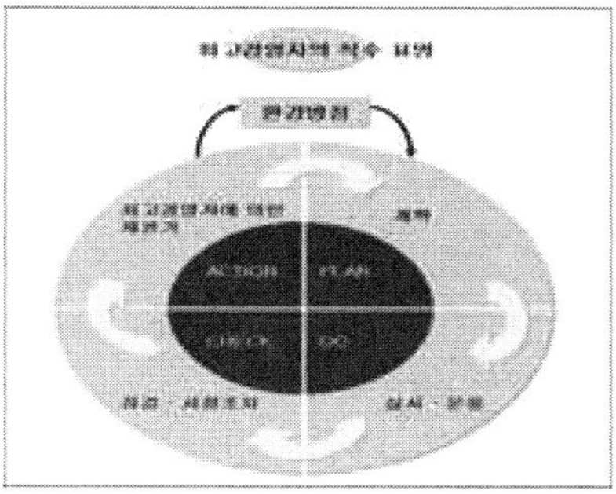

| 그림 4.3 | 환경경영시스템의 기본모형

특히 ISO 14000의 심사에서는 주로 ISO 14001(환경경영시스템)에서 정한 요구사항에 따라서 적합 여부가 판정되며, 이에 따른 환경경영시스템을 살펴보면 다음과 같다.

ISO 14001에서 규정한 환경경영시스템은 기업경영의 일부분으로서, 기업활동에 의해 발생할 수 있는 부정적인 환경영향을 지속적으로 개선하기 위한 체계적인 접근방법이라고 할 수 있다.

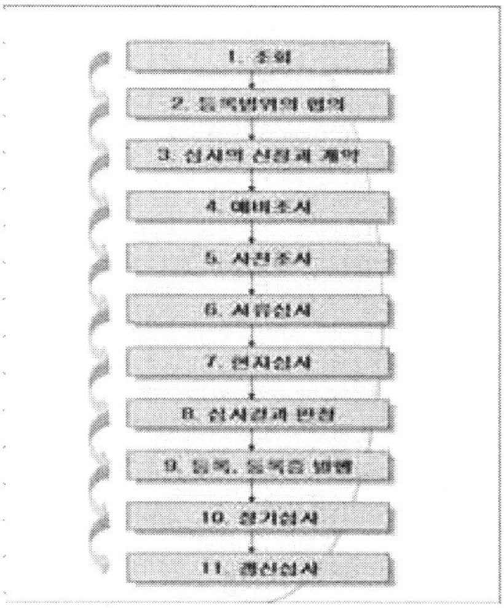

| 그림 4.4 | 심사등록의 절차

구체적으로 살펴본다면 조직은 환경방침을 달성하기 위한 일련의 목표 및 구체적인 환경경영 추진계획을 수립하고 (PLAN), 조직체제와 자원을 활용하여 수립된 추진계획을 실천하며(DO), 나아가 계획단계에서 설정된 목표 및 세부목표를 기준으로 조직의 환경경영 성과를 측정 · 감사 · 검토를 하고(CHECK), 또한 전반적인 환경성과의 개선을 실현할 수 있도록 경영자가 환경경영시스템을 검토하고 지속적으로 재선해 나가는(ACTION) 시스템을 지칭한다.

	개요항목(환경방침)	비고(QC사이클)
계획	•환경 측면 •법률 및 기타 요구사항 •목표 및 세부목표 •환경경영 추진계획	PLAN
실시와운용	•구조 및 책임 •훈련, 인식 및 자격 •의사소통 •환경경영시스템 문서화 •문서관리 •운영관리 •긴급사태에 대한 준비 및 대응	DO
점검과시정	•감시 및 측정 •부적합 시정 및 예방조치 •기록 •환경경영시스템의 감사	CHECK
	•최고경영자에 의한 검토	ACTION

| 그림 4.5 | 환경경영시스템의 요구항목

이처럼 ISO 14001에서 규정한 환경경영시스템의 구조는 일반적인 경영시스템이 갖는 특성을 모두 포함하며, 환경경영시스템은 현황 분석, 개선계획 수립, 계획 실행, 실행결과에 대한 점검과 시

정조치 등 일반적으로 경영시스템이 가져야 할 기본적인 요소들을 모두 반영하고 있다고 할 수 있다.

(3) ISO 14000의 인증취득 방법

ISO 14000의 인증을 취득하려는 기업은 자사의 환경매니지먼트 시스템이 ISO 14001의 요구사항에 적합한지 여부에 대해 심사를 받아야 한다. 심사는 ISO 9000과 마찬가지로 협회에서 인정한 등록기간이 수행한다. [그림 4-4]는 심사를 받는 순서의 개요를 나타낸 것이다.

ISO 9000의 심사는 주로 9001의 품질 매뉴얼에 있는 요구사항에 따라서 적합 여부가 판정되지만, 앞서 언급하였듯이 ISO 14001의 심사에서는 주로 ISO 14001(환경경영시스템)에서 정한 요구사항에 따라서 적합여부가 판정된다.

[그림 4-5]는 ISO 14001에 따른 환경경영시스템상 요구항목의 개요를 나타낸 것이다. 요구항목 하나하나에 대해서는 그것을 뒷받침할 만한 시스템이 존재하는지 여부를 주로 심사하며, 규정이나 매뉴얼의 체크는 그것을 검증하기 위해 이루어진다.

(4) ISO 14000의 도입효과

기업이 ISO 14000을 도입할 경우 기대되는 효과는 다음과 같다.

① **기업 이미지의 향상** : 환경친화적인 기업이라는 평가가 높아지고, 많은 고객으로부터 지지를 받게 될 것이다.

② **거래조건의 유리** : ISO 9000의 경우와 마찬가지로 유럽의 유수한 기업과 거래할 때 인증을 취득한 기업은 우선순위를 갖게 된다. 특히 공공사업의 입찰에 참가하는 경우는 국내외를 막론하고 인증취득이 기본조건이 된다. 또한 그린 구입 · 조달에의 대응이 가능하다. 그린구입이란 환경에 대한 경향이 적은 제품이나 서비스를 관공서나 기업이 적극적으로 구입하는 것을 말한다. 그리고 그린조달이란 관공서가 일정한 기준을 설정하여 그에 적합한 제품이나 서비스를 조달하는 것을 말한다.

③ **경영혁신에의 파급효과** : [그림 4-5]를 보면 알 수 있듯이 '환경경영시스템의 요구항목'을 정비함으로써 관리시스템의 수준을 높일 수 있다. 아울러 종업원의 교육 · 훈련도 보다 철저히 할 수 있다. 관리 정도가 이미 일정 수준에 도달한 기업이라도 ISO 14000의 도입을 자사 시스템을 재평가할 수 있는 기회로 생각하고, 적극적으로 도전하는 것이 바람직하다.

4.3 ERP와 생산관리

4.3.1 ERP로 기대되는 효과

ERP는 기업의 정보담당자가 큰 기대를 걸고 있는 분야로, 이를 도입할 때의 효과를 살펴보면 다음과 같다.

(1) 정보처리 비용의 억제

요즘 기업경영에서 컴퓨터 시스템은 간과해서는 안 될 중요한 경영자원이다. 그러나 컴퓨터 관련 비용이 매년 증대하고 있어 큰 부담이 되고 있다.

> **짚고 넘어가기(TIP)**
>
> **다운사이징**
>
> 대형 컴퓨터에서 수용하던 응용 프로그램(application program)을 워크스테이션이나 개인용 컴퓨터(PC) 등과 같이 상대적으로 소규모인 컴퓨터들과, 이들을 연결하는 근거리통신망(LAN)으로 이루어진 분산시스템에서 수행할 수 있도록 재구성한 것 .

이러한 문제점에 대한 대책으로 제시된 것이 종래의 대형 범용 시스템을 대신하는 네트워크형 클라이언트 서버시스템(CS : network client server system) 이다. CS는 이를테면 다운사이징을 통한 비용의 대폭 절감을 가능하게 하는 것이다. ERP가 기대를 모으고 있는 이유 가운데 하나는 바로 이 CS시스템으로 구축이 가능하다는 점이다.

(2) 글로벌화

경영의 글로벌화에 따라서 정보처리 측면에서도 각각 여러 가지 대응책이 필요하게 되었다. 예를 들어 해외에 생산거점을 둔 기업은 해외에서의 생산관리시스템을 신속히 구축해야 하며, 언어나 외환 차이에도 대응할 필요가 있다.

이 경우 만약 해외의 자회사가 독자적인 시스템을 구축한다면 비용, 기간, 연관성 등의 측면에서 심각한 문제가 발생하게 된다. 따라서 즉시 사용할 수 있는 기성시스템이 필요하다.

이러한 측면에서 ERP는 글로벌 스탠더드를 표방하는 패키지시스템으로서 기업의 요구사항에 딱 맞는다고 할 수 있다.

(3) 시스템 정글의 해소

기업에 컴퓨터가 도입된 지 벌써 수십 년이 경과하였다. 그 사이 컴퓨터 개량을 끊임없이 반복한 끝에 현재와 같은 방대한 시스템을 완성하게 되었다. 바야흐로 전형적인 오더메이드 시스템에서 출발하여 지속적인 보완을 통해 기업이 사용하기에 가장 편리한 시스템이 된 것이다.

그러나 이러한 시스템은 범용성 측면에서 많은 문제점을 갖고 있다. 즉, 회사 내 사용자들이 개별적으로 시스템을 빈번하게 변경함으로써 전체적인 측면과 맞지 않는 부분이 나타나게 된 것이다.

그리고 시스템을 변결할 때 문서화하지 않음으로써 매뉴얼의 부실화를 초래하고 또 사정을 잘 알고 있는 관계자가 인사이동에 따라 자리를 옮기에 되면 해당 시스템은 더욱 이해하기 어려운 골치거리가 되고 말았다. 마치 정글처럼 복잡하게 얽혀버린 것이다. 그러나 ERP 방식에 맞추어 시스템을 전체적으로 바꾸게 되면 이와 같은 문제점을 거의 해소 할 수 있다.

복잡했던 기업의 프로세스를 매끈하게.

(4) ERP의 기본개념

이상과 같이 과거의 정보시스템은 경영기능의 핵심부분을 담당하면서도 큰 문제점을 내포해 왔다. 이러한 문제점을 ERP는 다음과 같은 기본개념에 입각하여 해결하고 있다.

온라인 통합화 시스템

회사 전체가 온라인으로 통합되기 때문에 부문이나 서브시스템의 정보를 별 장애 없이 교류할 수 있다. 이것이 가능하기 위해서는 데이터는 한 장소에서 한번만 입력하도록 해야 한다.
또한 기존에는 구매부문의 검수 외에 현장검수, 구매검수, 경리 검수와 같은 중복이 있었으나 ERP를 도입하게 되면 데이터베이스가 온라인으로 통합되기 때문에 그와 같은 낭비가 전혀 발생하지 않는다.

파라미터에 따른 사용자 위주 시스템

ERP가 제공하는 생산관리 등의 업무시스템은 기본적으로는 표준화된 모듈(패키지)로 구성되어 있기 때문에 그대로 사용하게 되면 별도의 시스템 개발 비용이 들지 않을뿐더러 그 효과도 크다. 물론 기업의 사정에 맞게 사용자 위주로 변경할 수도 있으며 정해진 규칙에 따라 파라미터를 입력하면 모듈시스템과 맞게 되어 있다.

리얼타임 갱신

시스템상의 데이터 갱신(데이터 등록이나 데이터 체크)이 리얼타임으로 이루어진다. 따라서 과거 패키지 시스템과 같이 현물과 문서상의 갭이 발생하지 않기 때문에 신속한 정보처리가 가능하다.

데이터의 공유화

시스템 전체에 공통적으로 이용되는 데이터 구조는 표준화되어 있으며, 이에 따라 데이터의 정합성과 정확성이 실현된다. 또한 데이터의 다운로드가 필요하면 어디서든 간단하게 할 수 있다.

시스템의 개방화

시스템이 개방되어 있기 때문에 어떠한 컴퓨터나 시스템으로도 접속이 가능하며 전사적인 네트워크를 손쉽게 조직화할 수도 있다. 또한 시스템의 확장이나 갱신 등을 유연하게 할 수 있다.

(5) ERP와 생산관리

지금까지 ERP를 도입함으로써 기대되는 효과를 살펴보았는데 이를 한마디로 요약하면 컴퓨터에 따른 정보처리 문제를 해결하는 데 있다고 할 수 있다. 다시 말해 이를 도입한다고 해서 생산관리의 모든 문제가 해결되는 것은 아니다.

따라서 생산관리 측면에서 ERP를 어떻게 활용할 것인지를 생각할 필요가 있다.

<table>
<tr><th colspan="3" rowspan="2">생산관리(본서)의 항목</th><th colspan="2">ERP의 항목(예)</th></tr>
<tr><th>기능</th><th>모듈</th></tr>
<tr><td rowspan="7">계획</td><td colspan="2">수요예측</td><td>수요예측</td><td>○</td></tr>
<tr><td colspan="2"></td><td>판매사업계획</td><td>○</td></tr>
<tr><td colspan="2">소요량 계획</td><td>MRP</td><td>○</td></tr>
<tr><td rowspan="3">일정
계획</td><td>공정계획</td><td></td><td rowspan="4">고객
마인드</td></tr>
<tr><td>조달계획</td><td></td></tr>
<tr><td>외주계획</td><td></td></tr>
<tr><td colspan="2">부하계획</td><td></td></tr>
<tr><td rowspan="3">준비</td><td colspan="2">작업준비</td><td>제조 지시</td><td>○</td></tr>
<tr><td colspan="2">구매준비</td><td>구매의뢰 · 발주</td><td>○</td></tr>
<tr><td colspan="2">외주준비</td><td>외주의뢰 · 발주</td><td>○</td></tr>
<tr><td colspan="3">진척</td><td>실적 데이터 수집</td><td>○</td></tr>
<tr><td rowspan="3">재고관리</td><td colspan="2">재고계획</td><td></td><td></td></tr>
<tr><td colspan="2">재고준비</td><td></td><td></td></tr>
<tr><td colspan="2">수불관리</td><td>입 · 출고
데이터 처리</td><td>○</td></tr>
</table>

| 그림 4.6 | ERP의 생산관리 모듈

실제 생산관리 측면에서 볼 때 ERP에 특별히 새로운 것은 없다. 다음 그림은 어느 ERP 회사가 제공하는 생산관리 패키지의 리스트인데 이것만 봐도 지금까지 설명한 생산관리의 기초적인 이론 체계와 큰 차이가 없다는 것을 알 수 있다.

앞으로 ERP가 생산관리의 한 분야로 보급되기 위해서는 생산의 실태에 맞는 다양성이 필요하다. 그러나 현재까지는 현장에서 이러지는 생산관리보다는 지나치게 IT에만 치우치고 있다. 그렇다고 해서 각 회사의 생산실태에 맞는 시스템을 만든다면 ERP의 특징인 업무처리의 표준화와 신속한 도입효과가 없어진다. 왜냐하면 시스템을 사용자 위주로 변경하려면 상당한 인력과 시간이 소요되기 때문이다. 바로 이 점이 패키지 방식을 도입하는 목적이라 할 수 있다.

4.4 외주에서 아웃소싱으로

산업계에 아웃소싱이 널리 알려지게 된 것은 이스트만 코닥사가 컴퓨터와 관련된 모든 업무를 IBM사에 위탁한 1989년의 일이다. 이 대담한 조치에 따라서 코닥사는 컴퓨터 관련 투자의 90% 및 연간경비의 20%를 절감할 수 있었다고

한다.

4.4.1 아웃소싱의 도입사례

아웃소싱의 대상은 처음에는 정보처리업무가 주였지만 최근에는 비즈니스의 모든 분야로 확대되고 있다. 그 중 A사의 사례를 살펴보기로 하자.

A사는 설립시부터 기계부품이나 공구와 관련된 업무를 하고 있었다. 그 후 '구매대리상사'라는 컨셉으로 카탈로그를이용한 통신판매를 시작하였다. 이 독특한 방법이 '저가격, 단기납기'라는 효과를 낳았고 사업은 확대일변도를 걷게 되었다.

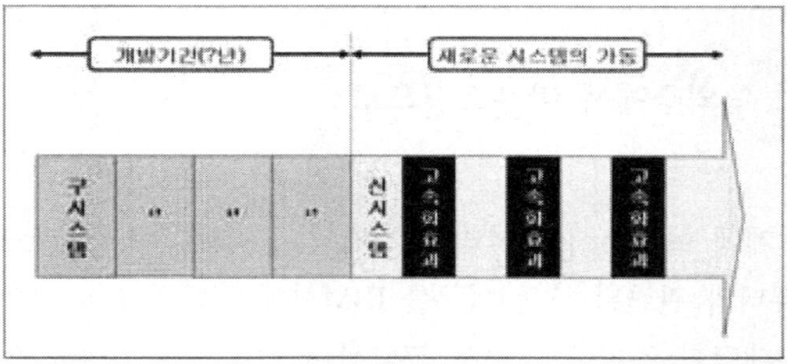

| 그림 4.7 | 얼마나 고속화할 수 있을까?

이처럼 A사의 실적이 계속해서 향상되는 이유는 철저한 아웃소싱에 있었다. 예를 들어 인사, 총무, 정보시스템, 물류 등의 업무를 모두 외부에 위탁하는 것이다. 그 결과 사내에는 전략을 입안하는 기획부와 아웃소싱한 업무를 체크하는 부문만이 남게 되었다.

A사뿐만 아니라 제조업에서도 아웃소싱이 크게 확대되고 있다. 예를 들어 프린트 기판 제조업체인 B사는 전자제품의 개발에서

제조까지를 일괄해서 수주하고 있다. 동사의 고객으로는 컴퓨터 제조업체뿐만 아니라 카메라 제조업체도 포함되어 있다. 이는 일부의 부품이나 가공만을 위탁하던 종래의 외주방식으로 생각할 수 없었던 일이다.

4.4.2 아웃소싱과 외주의 차이점

이러한 변화를 초래한 가장 큰 이유는 제조업을 둘러싼 환경이 격변하고 있기 때문이다. 한마디로 말해 안정 성장시대에서 불안정정체시대로 이행하고 있는 것이다. 이 때문에 제조업의 경영은 투하자본의 단기회수, 스피드 업, 다양화, 개방화, 정보화 등의 난관에 봉착하게 되었다. 특히 투자효율 면에서 기존의 경영방식을 재검토하게 되었다.

현재 아웃소싱은 제조업에 있어 가장 중요한 전략과제가 되고 있다. 반면에 일부에서는 과거부터 외주라는 형태로 아웃소싱과 유사한 업무가 수행되어 왔기 때문에 새로울 것이 없다는 비판도 있다.

외부와 더불어 나아가는 것이다.

아웃소싱과 외주는 공통적인 면도 있지만, 본질적으로는 완전히 다른 별개의 것이다. 즉, 외주는 수직형의 지배체제인데 반해,

아웃소싱은 수평형의 협업체제에 해당된다.

최근 들어 외주와 같은 수직형 생산시스템이 조금씩 해체되고 있으며 대신 오픈 마켓으로의 움직임이 현저하게 나타나고 있다. 또한 인터넷으로 대표되는 정보네트워크나 글로벌화로의 대응도 필수불가결하다.

앞으로 생산관리 측면에서 볼 때 종래의 외주만이 아니라 아웃소실 방식을 채택하여 도입할 필요가 있다. 그러기 위해서는 지금까지의 부분효율만이 아니라 경영자원의 유효활용이나 기업동맹 등과 같은 전략적 사고가 필요하다.

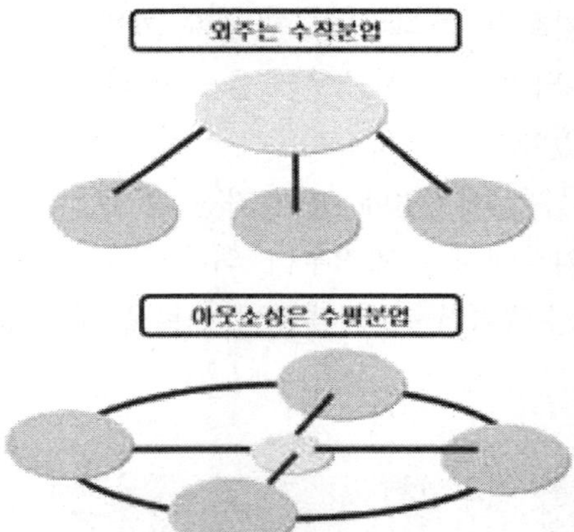

| 그림 4.8 | 외주와 아웃소싱의 차이

4.5 구작업환경개선운동으로 강화된 생산방법

4.5.1 생산성 향상은 작업자의 의욕에 달려 있다.

기업이 생산에 투입하는 경영자원은 생산활동만큼이나 다양하다. 건물, 장치, 기계설비 등의 하드웨어뿐만 아니라 기술, 노하우, 스킬 등의 소프트웨어도 예외가 아니다.

최근에는 특히 정보기술의 역할이 강조되고 있는데, 정보시스템의 고도화로 생산관리의 모든 문제가 해결되리라고 기대하는 것은 오산이다. 생산관리에 있어서 정보시스템의 중요성은 많아야 30%정도에 불과하다. 그러면 정보시스템에 치우치지 않으면서 하드웨어나 소프트웨어를 균형있게 배치하여 합리적인 생산시스템을 강구하면 어떨까?

사실 이렇게 된다고 해도 그것으로 모든 것이 해결되는 것은 아니다. 여기에는 가장 중요한 것이 빠져있다. 그것으로 모든 것이 해결되는 것은 아니다. 여기에는 가장 중요한 것이 빠져 있다. 그것은 바로 생산에 종사하는 사람들의 의욕에 가득찬 행동력이다. 만약 이것이 없다면 겉만 그럴 듯한 한마디로 '속빈 강정'과 같다고 할 수 있다.

이 때문에 과거 많은 공장들이 소집단 활동이나 TQC 등에 힘을 기울여 왔으나 최근 들어서는 이러한 활동이 점차 줄어들고 있다. 그러나 생산의 기본은 작업자의 의욕에 달려 있다는 본질에는 변함이 없다. 그 증거로 작업환경개선운동은 지금도 많은 공장에서 활발히 지속되고 있다.

4.5.2 작업환경개선운동

작업환경개선운동이란 정리, 정돈, 청소, 청결, 예의범절을 가리키는 것으로 여기에는 생산에 관한 중요한 원리 두 가지가 포함되어 있다.

그 하나는 앞에서 설명한 행동과학의 원리이다. 즉, 생산이라는 활동은 관념이 아니라 실천이기 때문에 구체적으로 행동하지 않으면 의미가 없다. 작업환경개선운동은 이를 위한 중요한 행동지침이 된다. 또한 작업환경개선운동은 행동과학에 우수한 검증사례를 제공하고 있다.

청결. 청결. 청결. 청결. 청결. 청결. 청결. 청결

작업환경개선운동에 포함되는 또 하나의 생산성 원리는 최고의 상태에서 생산설비가 이용될 수 있도록 준비하는 것이다. 최근 기계설비의 자동화가 진행되면서 사람의 역할은 기계의 조작 그 자체보다도 고장이나 예측치 못한 사고를 방지하는 관리 · 유지가 중심이 되고 있다. 이를 위해서는 설비나 기계의 청결과 청소가 불가피하다. 따라서 면밀하게 기계를 점검할 필요가 있다.

또한 현장에는 다종다양한 미완성품이 높여져 있다. 이들을 난잡하게 놓아두면 작업이나 운반에 방해가 되고, 제품을 잘못 가공하는 경우도 발생하게 된다. 이러한 오류를 막기 위해서는 항상 미완성품의 정리정돈에 주의해야 한다. 이들이 난잡하게 놓여 있으면 필요할 때 즉시 찾아낼 수 없다.

이와 같이 최선의 상태에서 설비를 가동하기 위해서는 작업환경개선 운동이 꼭 필요하다.

| 그림 4.9 | 작업환경개선운동과 생산 인프라

4.6 TQC에서 TQM으로

4.6.1 총괄적 품질경영(TQM)

TQC(전사적 품질관리)는 기업 경영의 한 주축으로서 생산경쟁력의 강화에 공헌해 왔다. 그러나 최근 경영환경의 변화에 따라 품질관리 방식에 대한 재평가가 이루어지고 있다. 이에 따라 TQC는 1990년대 중반 이후 TQM으로 개칭되면서 그 내용이 크게 변화되었다.

TQM은 TQC를 기반으로 미국에서 시작된 것으로 현재 그 개념은 이미 세계표준화로 정확되고 있다. TQM의 핵심은 고객만족에 있다. 미국에서는 이것을 광범위하게 보급하기 위해 국가적인 차원에서 후원하는 '말콤 볼드리지상'을 제정하였는데 이는 미국 산업을 활성화시키는 데 큰 공헌을 하였다. 그 개략적인 구조를 살펴보면 [그림 4-10]과 같다.

4.6.2 TQM과 TQC의 차이점

TQC과 TQC는 고객만족을 중심으로 하는 기본이념에서도 차이가 있지만 그것을 구체화하는 접근방법에서도 차이가 있다.

TQC는 생산현장에서 업무를 담당하는 사람들이 중심이 된다. 즉, 그들의 문제의식이나 개선활동에 따라서 원가절감이나 고품질을 실현함으로써 경영활동에 많은 공헌을 하였다. 그러나 TQC는 미시적인 생산관리에 조점을 맞추기 때문에 자칫 거시적인 측면이 소홀할 수 있다.

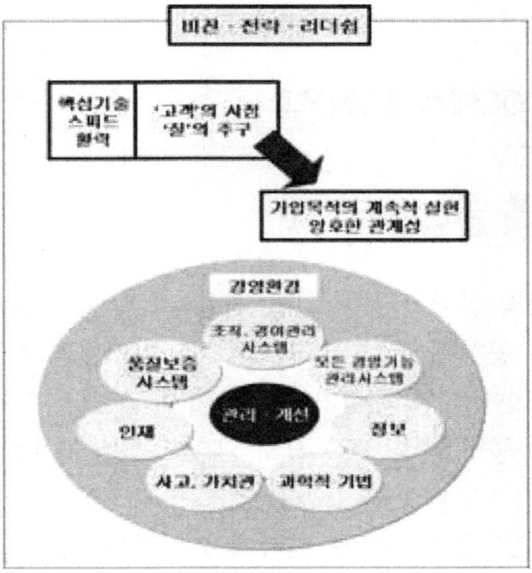

| 그림 4.10 | TQM 선언에 나타나는 TQM의 전체상

다시 말해 자사가 생산하는 제품이 제품수명주기상 쇠퇴기에 접어들었다면 업무의 개선보다는 아예 생산을 중지하는 것이 보다 합리적일 수 있다.

요즘처럼 제품이나 공정이 격변하는 환경에서는 시간의 여유가 없다. 우물쭈물하다가는 개선대책 자체가 변질되거나 없어져 버리기도 한다. 따라서 예전과 같은 미시적인 접근방법으로는 대응할 수 없는 것이다.

한편 TQM은 이와는 대조적인 하향식 접근방법을 취한다. 이러한 접근방법은 경영환경이 불안정할 때 그 진가를 발휘한다. 즉, TQM의 대상은 과거 안정시대의 현장환경이 아니라, 격동하는 현재 및 그와 가까운 미래의 경영환경인 것이다. 따라서 현장의 개선이 아니라 변화에의 대응책, 즉 전략적인 차원에서 회사 전체적으로 생각해야 한다. 또한 전략적인 입안작업에는 과거와 달리 신속성이 필요한데, 이와 같은 이유에서 TQM에는 하향식형의 접근방식이 불가피하다.

TQC의 접근방법은 원래 계획(PLAN), 실행(DO), 확인 · 평가(SEE)라는 관리 사이클을 회전하는 것이었다. 그 과정에서 주로 사용된 것이 히스토그램, 팔레토도표, 특성용인도, 산포도, 체크시트, 관리도, 그래프화 방법 등과 같은 QC의 7가지 도구이다. 이러한 기법의 공통적인 관리대상 영역은 실적데이터의 분석이 주된 목적이었다.

반면 TQM의 접근방법으로는 데이터 분석 외에 새로운 전략적 분석기법이 추가된다. 전략적 분석이란 환경변화에 따른 새로운 경영과제의 발견과 거기에 적응하기 위한 대책을 개선하는 것이 아니라 창조하는 데 있다.

4.7 모듈 생산방식

4.7.1 다품종 소량생산방식

고객의 욕구가 다양화되면서 공장에서는 이러한 고객의 욕구에 대응하기 위해 여라 가지 방법을 고안하였으며, 그 결과 다품종 소량생산방식을 택하게 되었다.

그러나 실제로 이러한 방식을 실시하게 되면 소품종 대량생산 시스템 보다 비용이나 재고 등에서 상당히 큰 부담을 갖게 된다. 이에 따라 여러 공장에서는 살아남기 위한 힘든 투쟁이 시작되었다.

4.7.2 부품생산방식

다품종 소량생산을 실현하는 최초의 아이디어는 부품생산방식이었다. 즉, 부품을 우선 보유해서 재고로 두고 수주할 때마다 조립하는 시스템인 것이다. 그러나 기존의 다종다양한 품목을 조립완성품으로 제고로 쌓아두는 것은 대단한 부담이다.

부품생산방식에서는 수주할 때마다 조립하기 때문에 제품의 재고가 거의 없다. 부품의 재고가 필요하기는 하지만 완성품목에 비하면 재고 부품의 종류나 수량을 대폭 줄일 수 있다. 다만 이러한 방식에서는 서브조립이나 완성조립에 다소 시일이 걸리며, 완성품을 즉시 납품하기도 어렵다.

4.7.3 유니트 생산방식

부품생산방식에서 한 단계 발전한 것이 바로 유니트 생산방식이다. 이는 부품보다 한층 완성도를 높인 서브조립품을 재고로 보유하는 방법이다. 이 경우 재고부담은 부품재고보다는 늘어나지만 완성품 재고보다는 적다고 할 수 있으며, 납기 또한 부품 생산방식보다 짧아지게 된다. 일종의 타협안이기는 하지만 소비자와 제조업자의 이율배반적인 요구에 응할 수 있는 명안이라고 할 수 있다.

그러나 최근의 경영환경 하에서는 이 정도의 대책으로는 불충분하다. 왜냐하면 제품의 수명주기가 매우 짧아지고 있기 때문이다.

제품의 수명주기는 매우 짧아지고 있다.

4.7.4 모듈 생산방식

최근에는 부품을 복합화해서 조달하는 모듈화가 주목되고 있다.

예를 들어, 자동차 업계의 경우 램프나 범퍼, 라디에이터, 클리어 등을 복합화해서 프론트 모듈로 정비하는 것이다. 이밖에도 자동차 열쇠뭉치나 창문 유리의 승강모터류를 일체화한 도어 모듈이나, 흡기(내연기관 등에서 공기를 빨아들이는 일)계 모듈 등 그 범위가 넓어지고 있다. 또한 공작기계

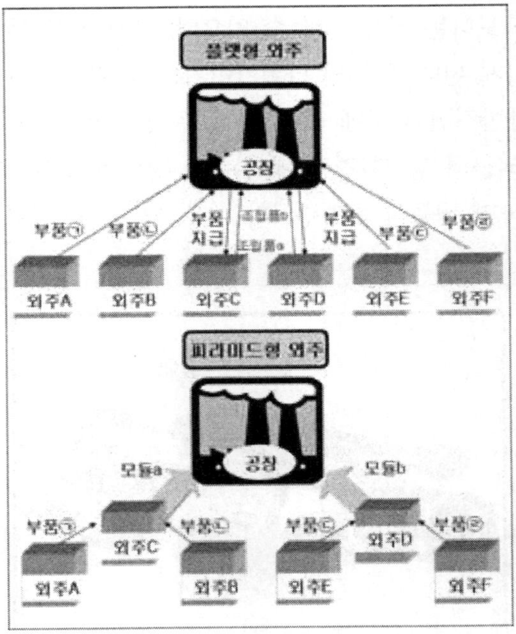

| 그림 4.11 | 모듈화와 외주조직

에서도 기계적인 동작을 반복하는 기계부품과 그것을 제어하는 전자부품의 모듈화가 진행되고 있다.

이러한 모듈화에 따라 과거 부품에는 존재하지 않던 전혀새로운 기능을 추가할 수 있게 되었다. 그 뿐만 아니라 모듈화는 생산시스템 전체의 변혁을 촉진하고 있다. 예를 들어 외주와의 관계는 앞의 그림과 같이 플랫형에서 피라미드형으로 변화하고 있다. 그 결과 직접 거래하는 조달거래처를 10분의 1로 줄이고 관리비의 절감을 꾀하는 회사도 생기게 되었다.

모듈화에 의한 변혁으로 직접비와 간접비 양 측면에서의 대폭적인 원가절감이 기대된다.

원가절감! 귀가 솔깃하지 않는가?

4.8 식스시그마

4.8.1 식스시그마란?

금세기 최후의 경영기법으로 일컬어지는 식스시그마의 기본적인 사고방식은 고객만족, 목표설정의 과학화, 생산적인 목표설정 등이다. 여기서 식스시그마의 목적은 특수한 수학적 처리에 따라 생산상의 결함이나 로스의 발생확률을 100만분의 3,4회 이하로 억제하는 데 있다.

식스시그마는 그 목표수준이 매우 높아 실제 그 정도까지 실현할 수 있는지 여부는 의문이다. 그러나 그 기본 컨셉을 알면 목표달성이 결코 불가능한 것이 아님을 알 수 있다. 모토로라사나 GE사, IBM사 등의 성공사례를 보아도 알 수 있다.

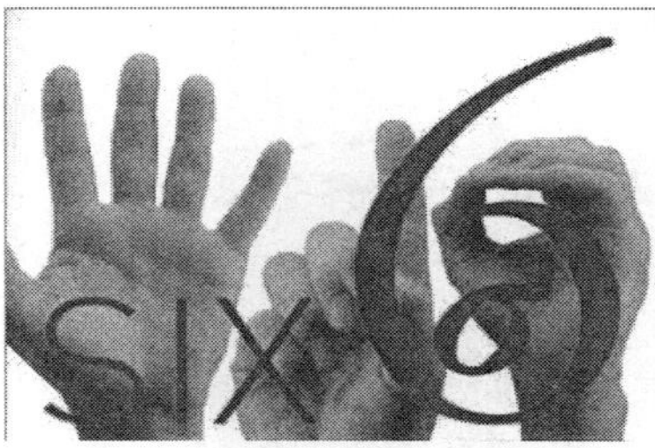

4.8.2 식스시그마의 주요 포인트

물론 사람이 하는 일에 완전무결이란 있을 수 없다. 다시 말해 오류나 로스의 제로화는 있을 수 없는 일이다. 하지만 각고의 노력으로 제로에 보다 가깝게 할 수는 있다. 이러한 사고방식이 식스시그마의 제 1의 포인트 이다.

제 2의 포인트는 소정의 프로세스를 조직적으로 진행하는 것이다. 아무런 계획 없이 되는대로 진행해서는 큰 성과를 올릴 수 없다. 여기서 말하는 소정의 프로세스란 위의 그림에서 보는 바와 같이 MAIC라고 하는 일종의 매니지먼트 사이클이다. 이 사이클은 계획(PLAN), 실행(DO), 확인 · 평가(SEE)로 표현되는 QC사이클과 비슷한 유형이지만 그 내용은 크게 다르다.

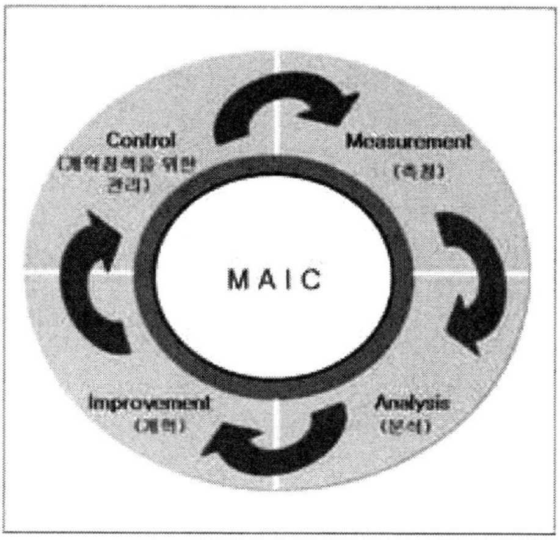

| 그림 4.12 | MAIC의 프로세스

측정(Measurement)

앞으로 시작될 식스시그마 활동의 대상범위를 정의한다. 그 내용에는 목표의 지표화, 평가기준의 설정, 정보수집이 있으며 이 단계에서는 분포분석, 분산분석, 상관분석, 회귀분석, 인자분석 등이 이루어진다. 통계적 기법이 프로세스의 모든 과정에서 이용되는 것은 식스시그마의 특징으로 식스시그마가 과학적이라는 이유도 여기에 있다.

분석(Analysis)

로스, 미스, 결함 등이 발생하는 요인을 분석하여 그 안에서부터 재조직해야 하는 과제를 선택하고 우선순위를 매긴다. 여기서 이루어지는 작업의 내용으로는 사람과의 관련, 목표달성을 위한 주요인 분석, 자사의 대응력 평가, 우선순위의 설정 등이 있다. 이 단계에서는 판별분석, 수량화 I, 수량화 II, 수량화 III류 등의 다변량 해석기법이 이용된다.

개혁(Improvement)

업무프로세스의 개선목표를 설정하고 구체적인 대책을 강구한다. 이 단계에서 이루어지는 작업의 내용으로는 개혁의 조직화, 개혁의 방향결정,

스케줄의 입안, 개혁의 실시가 있다. 이 단계의 진행에 있어서 중요한 역할을 하는 것은 블랙벨트라는 전문멤버이다. 따라서 식스시그마에서는 혁신의 핵심이 되는 이 멤버를 육성하기 위해 교육·훈련을 특히 중시한다.
관리(Control)
개혁이 이루어진 이후 프로세스가 설정치대로 운영되고 있는지 여부를 관리도나 체크리스트 등을 이용해서 확인하며 문제가 발생할 때는 배제한다. 따라서 이 단계의 내용은 평가, 중요 결함요인의 배제, 수준의 유지, 레벨업 입안 등이 된다.

중소기업을 위한 생산관리

현대 생산관리

요점 정리

1 프로젝트 관리

- 프로젝트를 수행하면서 추구하는 것은 비용, 일정, 성과라 할 수 있다.

  ① 프로젝트는 최소의 비용으로 경제적으로 수행되어야 한다.

  ② 프로젝트의 일정은 합리적인 것이어야 한다.

  ③ 성과가 최대화되어야 한다.

- **프로젝트의 관리기능**

  ① 프로젝트의 계획을 수립한다.
  ② 프로젝트의 일정을 결정한다.
  ③ 프로젝트의 진행과정에서는 통제의 기능이 작용한다.
  ④ 프로젝트의 절차는 계획-일정관리-통제 순으로 구성된다.

- 프로젝트를 수행하려면 사전에 프로젝트 팀이 형성되어야 한다. 프로젝트팀은 프로젝트 관리자와 팀 요원으로 구성된다.

- **기능식 조직:** 이것은 프로젝트를 그것과 가장 밀접한 관계가 있는 부서가 주관하는 전통적 조직구조이다.

- **순수프로젝트 조직:** 이것은 기능식 조직의 정반대가 되는 조직형태로서 독립적 프로젝트팀이 창설되고 여기에 전속요원이 배치된다.

- **매트릭스 조직:** 이것은 기능식 조직과 순수 조직의 절충형태이다. 프로젝트에 필요한 요원과 기술은 회사 내의 관련 부서로부터 지원을 받는다.

- 모든 프로젝트는 계획, 일정계획, 통제의 세 단계를 거친다. 계획 단계에서는 프로젝트의 목적, 조직, 소요자원, 관리 및 실행을 위한 중요 인력 등을 결정한다. 일정계획 단계에서는 세부 활동의 결정, 활동구조표의 작성, 각 활동에 대한 상세한 일정 및 예산 수립 등이 이루어진다. 통제 단계에서는 시간, 비용 및 성과의 측면에서 프로

젝트의 진행을 감시하고, 실제 결과와 계획 간의 괴리가 큰 경우에는 시정조치를 취한다.

- **프로젝트 조직의 영구화**

  ① 프로젝트는 한시적인 생산활동이지만 일부 업종에서 프로젝트 조직은 영구화 또는 제도화 되는 경향이 있다.
  ② 예컨대 항공우주산업, 건설업, 컴퓨터산업 등은 프로젝트생산이 가장 효율적인 생산형태로서 오랫동안 프로젝트형태를 지속적으로 이용해 온 결과, 이것이 영구적인 조직으로 정착하게 된 것이다.
  ③ 프로젝트 관리는 이제 어엿한 전문 직종으로 자리 잡고 있다. 1969년에 프로젝트관리의 전문직단체로서 PMI가 설립되었는데 세계 각국에 다수의 회원을 보유하고 있다.

- 프로젝트의 일정계획을 위한 기법으로는 고전적인 간트도와 과학적인 방법인 PERT/CPM이 있다.

- **간트차트**는 소규모의 간단한 프로젝트에 적합한 일정계획이다. 간트차트는 프로젝트의 일정을 계획하고 진도를 통제하는데 도움이 된다.

- 프로젝트의 일정계획기법으로 **PERT/CPM**이라는 네트워크기법이 많이 이용된다. 네트워크기법을 이용하면 프로젝트를 구성하는 각 활동의 의존관계(선후관계)를 명확하게 알 수 있다.

- **활동분석**이란 프로젝트를 완성하기 위하여 수행되어야 할 활동의 종류, 선후관계 및 소요시간을 결정하는 것을 말한다.

- 네트워크 다이어그램은 일종의 선후관계도로, **화살표와 마디로 구성된다.**

- **네트워크 다이어그램의 진행방향:** 네트워크에는 하나의 개시단계와

하나의 완료단계가 설정된다. 모든 화살표는 왼쪽에서 오른쪽으로 진행하며 역행하거나 순환하지 않으며 가급적 서로 교차하지 않도록 그려야 한다. 화살표의 길이는 활동시간의 길이와 무관하다.

- **네트워크 분석은 확정시간치를 사용하는 것과 확률시간치를 사용하는 것의 두 가지가 있다.** 활동소요시간(활동시간)을 단일수치로 나타낸 것을 확정시간치라 하고, 확률적인 형식으로 나타낸 것을 확률시간치라 한다.

- **활동시간치의 계산:** 우선 모든 활동에 대하여 다음과 같은 4개의 시간치를 산출한다.

  ① 가장 이른 완료시간(EF): 활동이 완료될 수 있는 가장 이른 시간
  ② 가장 늦은 개시시간(LS): 프로젝트의 완성을 지연시키지 아니하고 한 활동이 시작될 수 있는 가장 늦은 시간
  ③ 가장 늦은 완료시간(LF): 프로젝트를 지연시킴 없이 한활동이 완료될 수 있는 가장 늦은 시간
  ④ 가장 이른 개시시간(ES): 활동이 시작될 수 있는 가장 이른 시간

- **총여유**는 하나의 활동이 프로젝트의 완성을 지연시킴이 없이 가질 수 있는 여유시간이다. 한 활동이 최대한 총여유만큼 지연되어도 프로젝트는 지연되지 않는다. 그러므로 총여유가 많은 활동은 느긋하게 수행할 수 있고 총여유가 적은 활동은 지연되지 않도록 유의해야 한다.

- **자유여유**란 한 활동이 그것의 직후속활동의 개시(ES)를 늦추지 않으면서 가질 수 있는 여유시간이다. 한 활동이 최대한 자유여유만큼 지연되어도 모든 직후속활동은 예전된 개시시간(ES)에 시작될 수 있다.

- 관리자는 **일정계산의 결과**로 ① 주 공정을 발견하고, ② 각 활동의 여유시간을 알 수 있으며, ③ 프로젝트의 완성시기를 예측할 수 있

게 된다. 이들 정보는 프로젝트관리에 큰 도움이 된다.

- **트레이드오프:** 두 개의 정책목표 가운데 하나를 달성하려고 하면 다른 목표의 달성이 늦어지거나 희생되는 경우의 양자 간의 관계

- 관리자는 프로젝트일정의 단축을 원하는 경우가 많은데 그 동기는 다음과 같다.

  ① 시장경쟁에서 앞서간다.(신제품개발 등)
  ② 프로젝트 지연에 따르는 벌과금, 위약금을 면한다.
  ③ 기한 내 완성 또는 조기완성에 따르는 상여금을 받는다.
  ④ 프로젝트의 간접비용을 절감한다.
  ⑤ 새로운 프로젝트에 필요한 인원과 장비를 해방시킨다.

- 프로젝트 기간을 단축하면 직접비는 증가하고 간접비는 감소된다. 이 때 최소비용일정법을 사용하면 총비용(직접비와 간접비의 합)을 최소로 하는 최적 프로젝트기간과 그것을 실현하는 단축방안을 발견할 수 있다.

- **최소비용일정법**은 앞에서 언급된 것처럼 프로젝트의 시간과 비용 데이터가 주어진 상황에서 프로젝트의 가장 경제적인 지속기간과 구체적인 단축방안을 발견할 수 있는 방법이다. 그러나 규모가 큰 네트워크에는 적용하기가 어렵다는 문제점이 있다.

- **네트워크 기법의 장점**은 다음과 같이 요약할 수 있다.

  ① 개별활동과 프로젝트 전체의 관계를 알 수 있어, 프로젝트를 종합적인 관점에서 조정할 수 있다.
  ② 활동의 선후관계가 명확하여 프로젝트의 일정을 체계적으로 결정하고 수정할 수 있다.
  ③ 프로젝트 진도에 중대한 영향을 미치는 주공정을 발견하여 이들을 중점적으로 관리할 수 있게 된다.

④ 프로젝트의 소요시간과 비용을 정확하게 예측할 수 있다.
⑤ 프로젝트의 자원(인력, 자재, 장비)을 효율적으로 배분할 수 있다.

- **네트워크 기법의 단점은 다음과 같이 요약할 수 있다.**

① PERT/CPM은 주공정만을 강조한다. 그런데 실제로는 주공정 이외의 활동에서 문제가 발생하여 프로젝트가 지연될 수 있다. PERT/CPM은 이와 같은 잠재적 문제점에 대한 대응이 미흡하다.
② 네트워크의 정확한 작성이 어렵다. 주요활동이 누락되거나 활동의 구분과 선후관계가 틀리게 규정될 가능성이 높다.
③ 원천적으로 활동시간의 정확한 추정이 어렵다. 또한 활동시간은 추정자의 입장에 따라 가변적이다. 프로젝트의 지지자나 낙관론자들은 과소추정을 하고 실무담당자는 사후의 책임추궁을 우려하여 과대추정하는 경향이 있다.
④ PERT/CPM에서 설정되는 통계학적 가정이 현실과 맞지 않는 경우가 있다.(활동과 경로의 독립성, 활동시간의 베타분포 등)

2 독립수요품목의 재고관리

- 재고(inventory)란 생산시스템이 생산을 위해 또는 고객의 수요를 충족시키기 위해 보유하고 있는 물품이나 자원을 말하며, 이에는 완제품, 재공품, 각종 원자재 등이 포함된다.

- <u>재고분석의 기본 목적은 재고품목의 주문시기와 주문량을 결정하는 데 있다.</u> 따라서 재고관리에서는 재고수준을 감시하고, 적정 재고수준, 주문의 시기 및 주문량을 결정하는 정책 및 통제수단을 제공하여야 한다.

- 기업은 일반적으로 다음과 같은 네 가지 이유 때문에 재고를 보유한다.

① 불확실성에 대처하기 위하여
② 경제적 생산과 구매를 위하여
③ 예상되는 수요와 공급의 변화에 대처하기 위하여
④ 운송을 위하여

- **품목비용(item cost):** 재고품목 그 자체의 구매비용 또는 생산비용을 말한다.

- **주문비용(ordering cost):** 재고품목을 외부에서 구입할 때 소요되는 여러 가지 경비와 관리비를 말하며 주문량의 크기와는 관계없는 고정비의 성격을 갖는다.

- **재고유지비용(inventory holding or carrying cost):** 재고에 묶인 자본의 기회비용, 저장시설에 대한 비용, 취급비용, 보험료, 도난, 파손, 진부화(obsolescence), 세금 등 재고유지와 관련된 모든 비용항목을 총괄하여 재고유지비용이라 한다.

- **재고부족비용(inventory shortage cost)**: 어떤 품목의 재고가 고갈되면 그 품목에 대한 수요는 재고가 보충될 때까지 기다려서 충족되거나 또는 취소된다. 이 경우 재고부족으로 인해 발생하는 여러 가지 비용을 총괄하여 재고부족비용(inventory shortage cost)이라 한다.

- 재고품목은 독립수요품목과 종속수요품목으로 구분된다.

① **독립수요** : 완제품이나 예비부품(spare parts)에 대한 수요와 같이 다른 품목의 수요에 의존하지 않고 기업 외부의 시장조건에 의해 결정되는 수요
② **종속수요** : 최종제품의 생산에 소요되는 각종 원자재, 부품, 구성품 등과 같이 모품목(母品目)의 수요에 종속되어 있는 품목의 수요

- 흔히 EOQ모형(economic order quantity model)이라고 불리는 경제적 주문량 모형은 고정주문량모형의 대표적인 확정적 모형으로서

재고모형 중 가장 기본적이고도 고전적인 모형이다.

- **경제적 주문량 모형은 다음과 같은 기본적인 가정**을 한다.
  ① 수요는 알려져 있고 일정하며 균일하게 발생한다.(여기서 수요가 균일하게 발생한다는 의미는, 예컨대 연간 수요가 365단위라면 매일 1단위씩 수요가 발생함을 뜻한다)
  ② 조달기간은 알려져 있고 일정하다.
  ③ 제품의 구입단가는 일정하다.
  ④ 주문비용 또는 준비비용은 고정비로서 일정하다.
  ⑤ 주문량은 조달기간이 지나면 일시에 전량이 들어온다.
  ⑥ 모든 수요는 재고부족 없이 충족된다.

- **단일기간 재고모형(single-period inventory model)**이란 신문, 크리스마스 트리 등과 같이 사용기간이 제한되어 있어서 어떤 특정 내에 판매되지 않으면 가치가 없어지는 상품들의 최적주문량을 결정하는 재고모형을 말한다.

- 18세기에 파레토(Vifredo Pareto)는 이태리 밀라노의 부(富)의 분포에 관한 연구에서 20%의 사람들이 전체 부의 80%를 차지함을 발견하였다. 이와 같이 소수가 전체의 대부분을 차지하고 많은 다수가 전체의 미미한 일부밖에 차지하는 못하는 현상을 **파레토의 법칙(Pareto principle)**이라 한다.

- 파레토의 법칙은 재고관리에도 적용될 수 있다. ABC 재고관리(ABC inventory management)에서는 재고품목을 **연간 사용금액**에 따라 A등급(연간 사용금액이 큰 품목), B등급(연간 사용금액이 중간 정도인 품목), C등급(연간 사용금액이 작은 품목)의 세 가지 유형으로 나누어 재고통제의 엄격도를 달리 한다.

- **JIT시스템**이란 요구되는 바로 그 시점에서 제품을 생산함으로서 재고와 낭비를 최소화하고 동시에 현행수요를 가장 효과적으로 충족

시키려는 시스템이라 할 수 있다.

- **JIT**의 목적은 투자수익률의 향상에 있다. JIT에서 투자수익률의 증대는(품질, 납품 및 유연성의 향상을 통한) 수익의 증대, 비용절감 및 소요투자액의 감축에 의해 달성된다.

- **JIT**의 기본원리

① JIT는 낭비제거를 위한 시스템이라 할 수 있다.
② JIT에서는 현시점의 수요를 신속, 정확하게 충족시키는 것을 중요시한다.
③ JIT에서는 재고의 최소화를 중요한 목표로 삼고 있다.
④ JIT의 또 다른 중요한 원리는 지속적인 개선이다.

- 재고최소화의 수단으로는 풀시스템과 소로트생산이 이용된다. 소로트생산은 사이클재고를 감축하는 효과적인 방법이다. 특히, 소로트생산은 작업준비시간이 단축되어야 하므로 이에 많은 노력이 필요하며, 재고를 최소화할 뿐 아니라 생산과 부하를 평준화하고 수요에 대한 반응도를 높여주는 다중적인 효과가 있다.

- **JIT**시스템이 가지는 이점은 다음과 같이 요약할 수 있다.

① 자재, 재공품, 완제품의 재고가 크게 감축된다.
② 생산의 리드타임이 단축된다.
③ 제품품질이 향상된다.
④ 시설의 가동률이 향상된다.
⑤ 공간소요(space requirements)가 감소된다.
⑥ 생산계획과 통제업무가 단순화되고 문서취급이 감소된다.
⑦ 종업원의 참여와 협조가 촉진된다.
⑧ 생산성이 향상되고 생산원가가 감축된다.

- **JIT**는 새로운 혁신적인 시스템으로서 다음과 같은 특성이 있다.

① 풀시스템
② 소로트생산
③ 생산과 부하의 평준화
④ 공급업자와의 협력
⑤ 종업원의 다기능화
⑥ 지속적인 개선

- 생산과정에서 생산의 진행을 계획하고 통제하는 방식은 푸시시스템과 풀시스템으로 구분할 수 있다.

① 푸시시스템(push system): 수요예측이나 주문을 근거로 하여 생산계획이 수립되고 이 계획에 따라 생산이 진행된다.
② 풀시스템(pull system): 각 공정은 후속공정의 요구가 있을 때 부품을 생산하여 공급한다.

- 소로트생산이나 소로트발주는 재고를 감소시키고 생산리드타임을 단축하며 생산공정의 유연성을 높여주는 효과가 있다.

① 소로트생산이나 발주는 재고를 감소시킨다. 사이클재고의 경우, 평균재고는 로트사이즈의 절반이 되므로 발주량을 작게 하면 사이클재고도 줄어든다.
② 가공의 로트사이즈가 작으면 재공품의 대기시간이 줄어듦으로 생산의 리드타임이 단축된다.
③ 대형로트는 덩치가 커서 생산계획과정에서 그 일정이나 작업부하를 조절하기 어렵지만 소형로트는 다루기 쉬워 작업장의 부하를 평준화하고 시설의 이용도를 높이는데 도움이 된다.

- **TQC(total quality control)**는 JIT의 필수적인 구성요소로, 사후적인 검사에 의존하지 않고 처음부터 완전품질을 생산하려는 품질관리의 체계라 할 수 있다.

- 생산편이성이란 제품이 가공하기 쉽게 설계되어 있는 것을 말한다. 제품설계는 부품과 제품의 표준화, 구성부품수의 감축 등을 통하여

개선될 수 있다.

- JIT는 그것의 사용자뿐만 아니라 공급자에게도 큰 변화를 가져온다. JIT시스템이 소로트생산과 재고최소화를 실현하기 위해서는 공급자의 협력이 필요하다. **JIT회사의 대공급자관계(구매전략)의 특징은** 소로트납품, 공급업자수의 감축, 인근공급업자의 이용, 우호적인 협력관계 등으로 요약할 수 있다.

- JIT에서는 생산의 흐름은 연속화하기 위하여 라인생산을 추진한다. 라인생산은 작업준비의 빈도를 줄이고 재공품재고를 최소화하며 공정의 자동화가 용이하다.

- 칸반시스템은 JIT의 핵심부분으로서 풀시스템을 구체적으로 실천하기 위한 수단으로 사용된다. 풀시스템에서는 후속공정의 생산요구를 선행공정에 전달하는 수단이 필요한데 그 수단으로 복잡한 문서전달이나 전산처리 대신에 아주 간단한 칸반시스템이 사용되는 것이다.

- 칸반카드 없이는 부품이 가공되거나 운반될 수 없다. 칸반카드는 생산 및 운반지시서의 역할을 대신하므로 생산현장의 사무처리가 크게 간소화된다.

- 라인생산

  ① JIT에서는 생산의 흐름은 연속화하기 위하여 라인생산을 추진한다.
  ② 라인생산은 작업준비의 빈도를 줄이고 재공품재고를 최소화하며 공정의 자동화가 용이하다.
  ③ 전통적 배치에서는 공급자가 납품하는 자재는 창고에 입고된 후에 필요한 작업장으로 출고되었으나 JIT식 시설배치에서는 공급자의 자재와 내부의 재공품은 해당하는 작업장으로 직접 공급되어 현장에 보관된다. 그러므로 별도의 창고가 필요없고 그만큼 공간소요가 줄어든다.

④ 또한 GT를 적용한 생산라인(셀)으로 인하여 자재의 흐름이 단순화되어 생산은 신속하고 연속적으로 진행될 수 있다.

• **예방보전(preventive maintenance)**

① JIT에서는 완충재고를 거의 사용하지 않으면서 생산의 흐름을 일정하게 유지해야 하므로 기계나 장비의 고장은 큰 타격을 준다. 그러므로 기계와 장비의 보전은 절대적인 요건이다.
② 일반적으로 작업반이 교대할 때마다 그 사이에 보전시간을 설정하여 예방보전을 실시하는 경우가 많다.
③ JIT시스템에서는 작업자가 자신의 기계를 직접 정비하고 이를 언제나 양호한 상태로 유지하도록 노력한다.
④ 작업자가 수행하는 보전은 청소, 주유, 간단한 조정 등 일상정비에 한정된다. 이와 같은 단순한 보전도 고장의 발생을 크게 줄일 수 있다.

• **종업원의 다기능화**

① JIT시스템은 유연성이 높은 노동력, 즉 다기능작업자를 필요로 한다.
② 작업자는 기계의 사용뿐만 아니라 기계정비와 제품검사의 능력까지 요구된다.
③ 노동력이 유연하면 많은 완충재고 없이도 생산의 흐름을 안정시킬 수 있다.
④ 노동력의 유연성을 높이려면 다기능화교육이 필요하다.

• **지속적인 개선(continuous improvement)**

① JIT시스템에서는 종업원과 관리자가 끊임없이 품질과 생산성의 향상을 위하여 노력한다.
② JIT는 무재고 또는 최소한의 재고로 운영되므로 문제가 발생하면 즉각 이것이 명확하게 드러나는 장점이 있어 그 결과로 시스템이 개선된다.
③ JIT에서 재고는 시스템의 문제점을 은폐하는 '모든 악의 근원'으

로 단죄되고 재고제거는 시스템의 지상과제가 된다.

④ 지속적인 개선을 위해서는 주기적으로 시스템에 스트레스를 주어 문제점을 노출시켜야 한다. 노출된 문제점은 적극적으로 해결하도록 노력한다. 이와 같은 개선노력이 성공하면 안전재고는 다시 하향조정될 수 있다.

⑤ 발견된 문제점은 종업원과 관리자의 창조적인 문제해결활동을 통하여 해결된다. 이 때 앞에서 서술된 JIT의 여러 원칙이 문제해결의 방법으로 이용된다.

- **JIT**Ⅱ란 공급업자를 대표하는 직원(현지직원)이 고객회사의 구매부에 상주하면서 구매업무를 대행하는 시스템을 말한다.
- **JIT**Ⅱ 시스템은 다음과 같은 이점으로 인하여 고객과 공급자 쌍방에 이로운 제도라 할 수 있다.

① 고객회사는 구매 및 발주업무가 경감되고 개선되며, 구매비용이 절감된다.

② 공급자에게는 세일즈업무의 경감, 수주업무의 개선, 거래의 증대, 공급계약의 장기화 등의 이점이 있다.

③ 고객과 공급자간의 신뢰를 바탕으로 하여 생산, 구매, 로지스틱스의 3요소를 통합적으로 또한 효율적으로 처리할 수 있는 조직구조를 제공하는 것으로 JIT시스템의 발전된 형태라 할 수 있다.

- 서비스업에서 **JIT** 적용 개념과 방법

① 풀시스템
② 완전품질
③ 부하의 평준화
④ 공급자와의 협력
⑤ 종업원의 유연성
⑥ 자동화
⑦ 예방보전

⑧ 생산의 라인화

• **JIT시스템은 순수 반복생산에 가장 적합하다. MRP는 개별주문생산에 적합**하고, 반반복적(半反復的)인 배치생산에는 MRP와 JIT의 혼합시스템이 가장 좋다.

• **MRP 시스템의 특징**

① 계획기능과 데이터처리능력이 우수하다.
② MRP는 생산/발주계획을 합리적으로 작성하고 관련데이터를 효과적으로 관리하여 시스템의 정보소요를 신속하게 지원할 수 있다.
③ MRP는 그 정보능력을 이용하여 생산계획의 변경이 재고수준이나 생산능력에 미치는 영향을 사전에 점검할 수 있다.

• **JIT 시스템과 MRP 시스템간의 비교**

	JIT시스템	MRP시스템
재고	부채	자산
로트크기	당장의 필요량만 충족	생산준비비용 재고유지비용이 균형이 되도록 로트크기를 결정
생산준비	될 수 있는대로 줄임	낮은 우선순위
대기물	제거함	필요한 투자임
납품업자	협력관계	적대관계
품질	무결점	약간의 폐기물 허용
설비정비	계속적 · 효과적으로 함	필요할 때만 함

• 성공적인 JIT시스템으로의 전환을 위해서는 다음과 같은 사항에 유의해야 할 것이다.

① 최고경영자의 적극적인 의지와 참여가 있어야 한다.

② 종업원의 적극적인 지지와 협력을 얻어야 한다.
③ 최종공정부터 시작하여 시초공정으로 역행하면서 JIT의 제요소를 점진적으로 도입한다.
④ 선후공정의 생산능력을 균형화한다.
⑤ 공급자의 수를 줄이고 우호적인 협력체제를 구축하여 공급자에게도 JIT를 적용한다.

• **JIT 시스템의 도입은 다음의 사항을 고려하여 실시**해야 한다.

① 장기적인 안목과 투자
② 회사실정에 맞는 접근법
③ 신축적인 운영

4 생산관리의 새로운 동향

• **ISO(국제표준화기구)**는 규격이 아니라 그것을 제정하는 기관을 말한다. 지금까지 이 ISO에 의해 갖가지 규격이 제정 · 발표되어 왔다. 분야 또한 넓어서 기계 · 자동차 · 화학 · 철강 · 정보처리 등 여러 분야에 이르고 있다. 특히 최근에는 품질관리인 ISO 9000과 환경경영인 ISO 14000 규격에 많은 힘을 쏟고 있다.

• **ISO 9000**의 도입효과

① 해외에서의 사업전개의 유리
② 사내품질관리 수준의 향상
③ 기업 이미지의 향상

• **ISO 9001**의 주요 요구항목

① 경영자의 책임
② 품질시스템
③ 계약내용의 검토

④ 설계관리
⑤ 문서 및 데이터 관리
⑥ 고객 지급품의 관리
⑦ 제품의 식별 및 추적성
⑧ 공정관리
⑨ 검사 및 시험 등

- ISO 9000의 심사항목의 하나인 구매・외주의 상세항목으로 하청업자의 평가라는 항목이 있는데 이와 관련된 문서로는 다음과 같은 것이 있다.

① 구매・외주 관리규정
② 거래처 평가기준표
③ 거래처 조사표
④ 거래처 리스트

- ISO 9000의 심사는 협회에서 인정한 등록기관에 의해 이루어지며, 심사를 받기 위해서는 다음과 같은 절차를 밟아야 한다.

① 1단계 : 서류심사
② 2단계 : 예비심사
③ 3단계 : 실시검사
④ 4단계 : 사후검사

- **ISO 14000 시리즈는 환경경영시스템, 환경심사 그리고 환경성과평가 등은 조직의 환경경영에 대한 평가를 위한 표준**이며 환경레이블링, 전과정평가와 제품규격에 관한 환경측면 등은 생산제품과 생산공정의 환경성에 관한 평가표준이라 할 수 있다.

- **ISO 14000**의 인증 취득방법

① ISO 14000의 인증을 취득하려는 기업은 자사의 환경매니지먼트 시스템이 ISO 14001의 요구사항에 적합한지 여부에 대해 심사를 받아야 한다.

② 심사는 ISO 9000과 마찬가지로 협회에서 인정한 등록기간이 수행한다.
③ ISO 14001의 심사에서는 주로 ISO 14001(환경경영시스템)에서 정한 요구사항에 따라서 적합여부가 판정된다.
④ ISO 14001의 요구항목은 그것을 뒷받침할 만한 시스템이 존재하는지 여부를 주로 심사하며, 규정이나 매뉴얼의 체크는 그것을 검증하기 위해 이루어진다.

- **ISO 14000의 도입효과**

① 기업 이미지의 향상
② 거래조건의 유리
③ 경영혁신에의 파급효과

- ISO 14000의 심사에서는 주로 ISO 14001(환경경영시스템)에서 정한 요구사항에 따라서 적합 여부가 판정되며, <u>이에 따른 환경경영시스템을 살펴보면 다음과 같다.</u>

① 환경경영시스템은 기업활동에 의해 발생할 수 있는 부정적인 요소를 지속적으로 개선하기 위한 체계적인 접근방법이다.
② 환경경영시스템이란 환경방침을 달성하기 위해 구체적인 환경경영 추진계획을 수립하고, 수립된 추진계획을 실천하며, 조직의 환경경영 성과를 측정 · 감사 · 검토 하고, 지속적으로 재선해 나가는 시스템을 지칭한다.
③ 환경경영시스템의 구조는 현황 분석, 개선계획 수립, 계획 실행 등 일반적으로 경영시스템이 가져야 할 기본 요소들을 모두 반영하고 있다.

- ERP는 기업의 정보담당자가 큰 기대를 걸고 있는 분야로, 이를 도입할 때의 효과를 살펴보면 다음과 같다.

① 정보처리 비용의 억제
② 글로벌화

③ 시스템 변경 문제의 해소

- 과거의 정보시스템이 내포하고 있던 문제점을 ERP는 다음과 같은 기본개념에 입각하여 해결하고 있다.

① 온라인 통합화 시스템
② 파라미터에 따른 사용자 위주 시스템
③ 리얼타임(Real time) 갱신
④ 데이터의 공유화
⑤ 시스템의 개방화

- 아웃소싱과 외주는 공통적인 면도 있지만, 본질적으로는 완전히 다른 별개의 것이다. 즉, 외주는 수직형의 지배체제인데 반해, 아웃소싱은 수평형의 협업체제에 해당된다.

- **전사적 품질관리(TQM)**은 TQC를 기반으로 미국에서 시작된 것으로 현재 그 개념은 이미 표준으로 정립되고 있다. TQM의 핵심은 고객만족에 있다. 미국에서는 이것을 광범위하게 보급하기 위해 국가적인 차원에서 후원하는 '말콤 볼드리지상'을 제정하였는데 이는 미국산업을 활성화시키는 데 큰 공헌을 하였다.

- **TQM과 TQC의 차이점**

① TQC과 TQC는 고객만족을 중심으로 하는 기본이념에서도 차이가 있지만 그것을 구체화하는 접근방법에서도 차이가 있다.
② TQM은 생산현장에서 업무를 담당하는 사람들이 중심이 되어 문제의식, 개선활동에 따라 경영활동에 많은 공헌을 하였으나 TQC는 미시적인 생산관리에 조점을 맞추기 때문에 자칫 거시적인 측면이 소홀해질 수 있다.
③ TQM은 하향식 접근방법을 취하며, TQC는 계획(PLAN), 실행(DO), 확인 · 평가(SEE)라는 관리 사이클을 회전시킨다.

- **부품생산방식**이란 다품종 소량생산을 실현하는 최초의 아이디어로,

수주할 때마다 조립하기 때문에 제품의 재고가 거의 없다. 부품의 재고가 필요하기는 하지만 완성품목에 비하면 재고 부품의 종류나 수량을 대폭 줄일 수 있다. 다만 이러한 방식에서는 서브조립이나 완성조립에 다소 시일이 걸리며, 완성품을 즉시 납품하기도 어렵다.

- 부품생산방식에서 한 단계 발전한 것이 바로 **유니트 생산방식**이다. 이는 부품보다 한층 완성도를 높인 서브조립품을 재고로 보유하는 방법이다. 이 경우 재고부담은 부품재고보다는 늘어나지만 완성품 재고보다는 적다고 할 수 있으며, 납기 또한 부품 생산방식보다 짧아지게 된다. 일종의 타협안이기는 하지만 소비자와 제조업자의 이율배반적인 요구에 응할 수 있는 명안이라고 할 수 있다.

- 최근에는 부품을 복합화해서 조달하는 **모듈생산방식**이 주목되고 있다. 모듈생산방식에 따라 과거 부품에는 존재하지 않던 전혀 새로운 기능을 추가할 수 있게 되었으며 생산시스템 전체의 변혁을 촉진하고 있다. 모듈화에 의한 변혁으로 직접비와 간접비 양 측면에서의 대폭적인 원가절감이 기대된다.

- **6시그마**란 제품의 불량 발생률이 1백만 개당 3.4회로써 이 같은 불량률은 통계적으로 볼 때 99.99966%가 합격품이라는 의미의 전사적 경영혁신 활동이다.

- 6시그마는 많은 성공사례를 통하여 그 유용성이 검증된 **DMAIC**라는 문제해결 절차를 가지고 있다. DMAIC 5단계의 수행절차는 다음과 같다.

  ① **정의단계** : 무엇을 개선해야 고객과 사업에 바람직한 영향을 미치는가에 대한 개선 기회를 명확히 하고, 프로젝트팀을 결성하여 개선 목적, 목표, 일정 등을 포함하여 실행계획을 작성하는 단계이다.

  ② **측정단계** : 품질에 결정적인 요소(CTQ)의 선정, CTQ에 대한 성

능 표준의 설정, 데이터의 수집, CTQ에 대한 현재수준을 파악하는 단계이다.

③ **분석단계** : 분석단계는 결함이 언제 어디에서 발생하느냐를 파악함으로써 개선의 대상을 명확히 하는 단계이다.

④ **개선단계** : 개선방안을 찾기 위해 가능한 해결안을 시험해봄으로써 개선방향을 실시하는 단계이다.

⑤ **관리단계** : 프로세스의 문서화 및 표준화, 관리계획 수립을 통해 개선된 프로세스 유지에 대한 문제를 다루는 단계이다.

- 아웃소싱과 외주의 차이점

① 현재 아웃소싱은 제조업에 있어 중요한 과제가 되고 있으며, 일부에서는 과거부터 외주라는 형태로 아웃소싱과 유사한 업무가 있어 왔기 때문에 새로울 것이 없다는 비판도 있다.

② 외주는 수직형의 지배체제인데 반해, 아웃소싱은 수평형의 협업체제에 해당된다는 점에서 외주와 아웃소싱은 구분된다.

③ 최근 외주와 같은 수직형 생산시스템이 조금씩 해체되면서 오픈마켓으로의 움직임이 현저하게 나타나고 있다.

④ 생산관리 측면에서 볼 때 종래의 외주만이 아니라 아웃소싱 방식을 채택하여 도입할 필요가 있으며, 그러기 위해서는 지금까지의 부분효율만이 아니라 경영자원의 유효활용이나 기업동맹 등과 같은 전략적 사고가 필요하다.

- 작업환경개선운동

① 작업환경개선운동에는 행동과학의 원리와 생산성 원리가 포함되어 있다.

② 작업환경개선운동이란 정리, 정돈, 청소, 청결, 예의범절을 가리키는 것이다.

③ 작업환경개선운동은 이를 위한 중요한 행동지침이 되며, 행동과학에 우수한 검증사례를 제공하고 있다.

④ 작업환경개선운동은 최고의 상태에서 생산설비가 이용될 수 있

도록 준비하는 것이다.

⑤ 현장에는 다종다양한 미완성품이 놓여져 있다. 이들을 난잡하게 놓아두면 작업이나 운반에 방해가 되고, 제품을 잘못 가공하는 경우도 발생하게 된다. 이러한 오류를 막기 위해서는 작업환경 개선 운동이 반드시 필요하다.

참고 문헌

1. 김태문, "저스트 인 타임의 실제," 한국공업표준협회, 1987.
2. 송한식 · 홍성찬 역(몬덴 야스히로 원저), 「신도요타 시스템」, 기아경제연구소, 1994.
3. 윤석철 · 이상범, 「생산계획 및 재고관리」, 한국방송통신대 출판부, 1989.
4. 한국생산성본부, 「JIT실무」, 1989.
5. Aggarwal, S., "MRP, JIT, OPT, FMS?," Harvard Business Review, Vol. 66, No. 5, September-October 1985, pp. 8-16.
6. Beckett, W. K., and K. Dang, "Synchronous Manufacturing, New Methods, New Mind Set," Journal of Business Strategy, Vol. 12, 1992, pp. 53-56.
7. Chase, Richard B., Nicholas J. Aquilano, and F. Robert Jacobs, Production and Operations Management, 8th ed., Irwin/McGraw-Hill, New York, 1998.
8. Cleland, D. I. Project Management: Strategic Design and Implementation. New York: McGraw-Hill, 1994.
9. Dickie, H. Ford, "ABC Inventory Analysis Shoots for Dollars, Not Pennies," Factory Management and Maintenance, July 1951.
10. Dixon, L., and A. M. Porer, JITⅡ: Revolution in Buying and Selling. Newton, MA: Cahners Publishing Co., 1994.
11. Duncan. W. R., A Guide to the Project Management Body of Knowledge, Upper Darby, PA: Project Management Institute Publications, 1996.
12. Forgarty, D. W., J. H. Blackstone, and T. R. Hoffmann, Production and Inventory Management, 2nd ed., South-Western, Cincinnati, Ohio, 1991.
13. Fucini, J. J., and S. Fucini. Working for the Japanese. New York: Free Press, 1990.
14. Giunipero, L. C., "Motivating and Monitoring JIT Supplier Performance,"

Journal of Purchasing and Material Management, Winter 1990, pp. 19-24.

15. Golhar, D. Y., and C. L. Staam, "The Just-in-Time Philosophy: A Literature Review," International Journal of Production Research, Vol. 29, 1991, pp. 657-676.
16. Graham, R. J. and R. L. Englund, Creating an Environment for Successful Projects: The Quest to Manage Project Management. San Francisco, CA: Jossey-Gass Publishing, 1997.
17. Graves, S. C., A. H. G. Rinnoy Kan, and P. H. Zipkin, Logistics of Production and Inventory, North-Holland, New York, 1993.
18. Hadley, G. and T. M. Whitin, Analysis of Inventory System, Prentice-Hall, Englewood Cliffs, N. J., 1963.
19. Hallows, J. E., Information Systems Project Management: How to Deliver Function and Value in Information Technology Projects. New York: AMACOM, 1998.
20. Hahn, C. K., P. Pinto, and D. Bragg, "Just-in Time Production and Purchasing," Journal of Purchasing and Materials Management, Fall 1983, pp. 2-10.
21. Hobbs, O. K., Jr., "Managing JIT Toward Maturity," Production and Inventory Management Journal, Vol. 38, No. 1, 1997, pp. 47-50.
22. Karmarkar, U., "Getting Control of Just-in-Time," Harvard Business Review, September-October 1989, pp. 123-131.
23. Louis, R. S., Integrating Kanban with MRPⅡ: Automating a Pull System for Enhanced JIT Inventory Management. Portland, OR: Productivity Press, 1997.
24. Monden, Y., Toyota Production System: An Integrated Approach to Just-In-Time, 3rd ed. Norcross, GA: Engineering & Management Press, 1997.
25. Monden, Y., "What Makes the Toyota Production System Really Tick?," Journal of Industrial Engineering, January 1981, pp. 36-46.
26. Petroff, J. N., Handbook of MRPⅡ and JIT: Strategies for Total Manufacturing Control: Englewood Cliffs, NJ: Prentice Hall, 1993.
27. Schroeded, R. G., Operations Management, 4th ed., McGraw-Hill, New

York, 1993.

28. Schonberger, R. J., Japanese Manufacturing Techniques: Nine Hidden Lessons in Simplicity. New York: Free Press, 1982.
29. Schonberger, R. J., World Class Manufacturing: The Next Decade: Building Power, Strength, and Values, New York: Free Press, 1996.
30. Silver, E. A., D. Pyke, and R. Peterson, Decision Systems for Inventory Management and Production Planning, 3rd. ed., Wiley, New York, 1997.
31. Vollmann, T. E., W. L. Berry, and D. C. Whybark, Manufacturing Planning and Control Systems, 4th. ed., Irwin, Burr Ridge, Ill., 1997.
32. Weiss, A., "Simple Truths of Japanese Manufacturing," Harvard Business Review, Vol. 62, No. 4, July-August 1984, pp. 119-125.
33. Zipkin, P. H., "Does Manufacturing Need a JIT Revolution?," Harvard Business Review, January-February 1991, pp. 40-50.

찾아보기

저자 약력

이영찬(李永贊)

•약　력•

서강대학교 경영대학 경영학과 졸업
서강대학교 대학원 경영학 석사 (경영과학 전공)
서강대학교 대학원 경영학 박사 (경영과학 전공)
서강대학교 경영학연구원 경영연구소 상임연구원 역임
서강대학교 대우교수 역임
(현) 동국대학교 전자상거래학과 교수

•주요논문 및 저서•

"Application of Support Vector Machines to Corporate Credit Rating Prediction", ESwA, 32(1), 2007.
"Measuring Knowledge Management Performance: Structural Approach", HFEM, 17(1), 2006.
"Timed Net with Choice Probability and Its Minimum Cycle Time", ESwA, 31(2), 2006.
"Bankruptcy Prediction Using Support Vector Machine with Optimal Choice of Kernel Function Parameters", ESwA, 28(4), 2005.
「전자상거래에서의 선점효과에 관한 새로운 접근과 분석」, 한국학술정보, 2006.외 다수

조영석(曺永錫)

•약　력•

서강대학교 문과대학 철학과 졸업
한국 후지쯔 (주) Systems Analyst
미국 루이지애나 주립대학교 Computer Analyst
미국 루이지애나 주립대학교 정보학 석사
미국 루이지애나 주립대학교 컴퓨터학 박사
미국 버지니아 Tech 방문교수
(현) 동국대학교 컴퓨터·멀티미디어학과 교수

•주요논문 및 저서•

「중소기업 ERP 컨설팅 보고서」, 중소기업청, 2001.
"객체 지향 소프트웨어의 상속 깊이의 최소화 알고리즘," 소프트웨어공학연구회지, 1998.
"객체 지향 소프트웨어의 다형성 제거 알고리즘," '98 가을 학술발표논문집, 한국정보과학회, 1998.
"Integrating Multi-Phase Software for Reuse," JSI, 6, 1996.

정가 9,000원

중소기업을 위한 생산관리
현대 생산관리

2006년 11월 20일 초판 인쇄
2006년 11월 29일 초판 발행
공저자 : 이 영 찬 · 조 영 석
발행자 : 이 연 우 · 우 명 찬
발행처 : 홍 릉 과 학 출 판 사
주　소 : 서울시 강북구 수유5동 455-60
142-885
등　록 : 1976년 10월 21일 제5-66호
전　화 : 999-2274～5, 996-8341, 903-7037
팩　스 : 905-6729
e-mail : hongpub@hongpub.co.kr
http://www.hongpub.co.kr

저자와의
협의하에
인지생략